위대한 발자취

콜럼버스

아프리카에서 노예를 끌어다 파는 포르투갈 상인들

핀타 호

에스파냐의 이사벨 여왕에게 콜럼버스의 항해를 지원해 달라고 간청하는 왕실 재무관

산살바도르에 첫 발을 내디딘 콜럼버스

위대한 발자취

콜럼버스

피터 크리스프 글 | 피터 데니스 그림 | 남경태 옮김

문학동네
어린이

"A Dorling Kindersley Book"
www.dk.com

지은이 피터 크리스프
서식스 대학교와 런던 대학교에서 문학을 공부했다. 고대 역사와 인물에 관심이 많아 세계 곳곳을 돌아다니며 글 쓰는 데 필요한 자료를 모았다. 그가 쓴 50여 권의 책은 세계 수많은 어린이들에게 널리 읽히고 있다.

옮긴이 남경태
서울대학교에서 사회학을 공부했다. 주로 역사와 철학을 다룬 책을 기획·번역·집필하고 있다. 『종횡무진 동양사』, 『종횡무진 서양사』, 『종횡무진 한국사』, 『한눈에 읽는 현대철학』 등을 썼으며, 『잔혹한 세계사』, 『알렉산드로스, 침략자 혹은 제왕』, 『모든 길은 로마로』, 『구석구석 세계사 탐험』 등을 우리말로 옮겼다.

Original title:DK Discoveries: Christopher Columbus
Copyright ⓒ 2001 Dorling Kindersley Limited, London
All rights reserved.
Korean translation copyright ⓒ 2005 Munhakdongne Publishing Co.,Ltd.
This Korean edition was published by arrangement with Dorling Kindersley Limited.
이 책의 한국어판 저작권은 Dorling Kindersley Ltd.와 독점 계약한 (주)문학동네에 있습니다.
저작권법에 의해 한국 내에서 보호를 받는 저작물이므로 무단 전재 및 무단 복제를 금합니다.

콜럼버스
1판 1쇄 2005년 3월 30일 1판 2쇄 2008년 7월 11일
글 피터 크리스프 그림 피터 데니스 옮긴이 남경태
책임편집 염현숙 이정원 디자인 박정은 이미연
펴낸이 강병선 펴낸곳 (주)문학동네
출판등록 1993년 10월 22일 제406-2003-000045호
주소 413-756 경기도 파주시 교하읍 문발리 파주출판도시 513-8
전자우편 kids@munhak.com 홈페이지 www.kids.munhak.com
카페 cafe.naver.com/kidsmunhak
전화번호 (031)955-8888 팩스 (031)955-8855

ISBN 89-8281-915- 0
        89-8281-893-6 74840(세트)

이 도서의 국립중앙도서관 출판시도서목록(CIP)은 e-CIP 홈페이지(http://www.nl.go.kr/cip.php)에서 이용하실 수 있습니다.(CIP제어번호: CIP2004002178)

차례

6
탐험의 시대

8
인도를 찾아서

10
크리스토퍼 콜럼버스

12
콜럼버스의 계획

14
왕실 지원을 요청하다

16
선박과 선원

18
출발 준비

20
항해

24
하늘에서 내려온 사람들

26
암초에 부딪히다

28
영웅이 되어 돌아오다

30
에스파냐 정착촌

32
돌아온 콜럼버스

34
히스파니올라의 정복

36
아메리카 대륙으로

38
또다른 세계

40
거친 카리브 해를 지나

42
발이 묶이다

44
탐험을 위한 항해

46
파괴를 부른 정복자들

48
찾아보기

탐험의 시대

유럽 사람들은 1400년대 초까지만 해도 더 넓은 세상에 대해 거의 알지 못했다. 그러나 15세기에 들어서면서 포르투갈이 탐험 항해를 시작하자 모든 것이 달라졌다. 포르투갈의 탐험가들은 아프리카 서해안을 따라 항해하면서 곳곳에 무역 기지를 세우고, 인도양으로 가는 항로를 열어 나갔다.

> " 이 영웅들은 포르투갈 국민들에게 실론(스리랑카)으로 가는 길을 열어 주었고, 나아가 일찍이 그 누구도 가 보지 못한 바다로 이끌어 주었다. "
>
> 포르투갈 시인 루이스 데 카몽스
> (『우스 루시아다스』, 1572년)

포르투갈

포르투갈 탐험가들이 이름 붙인 아프리카 해안

헨리쿠스 마르텔루스가 만든 세계 지도, 1490년경

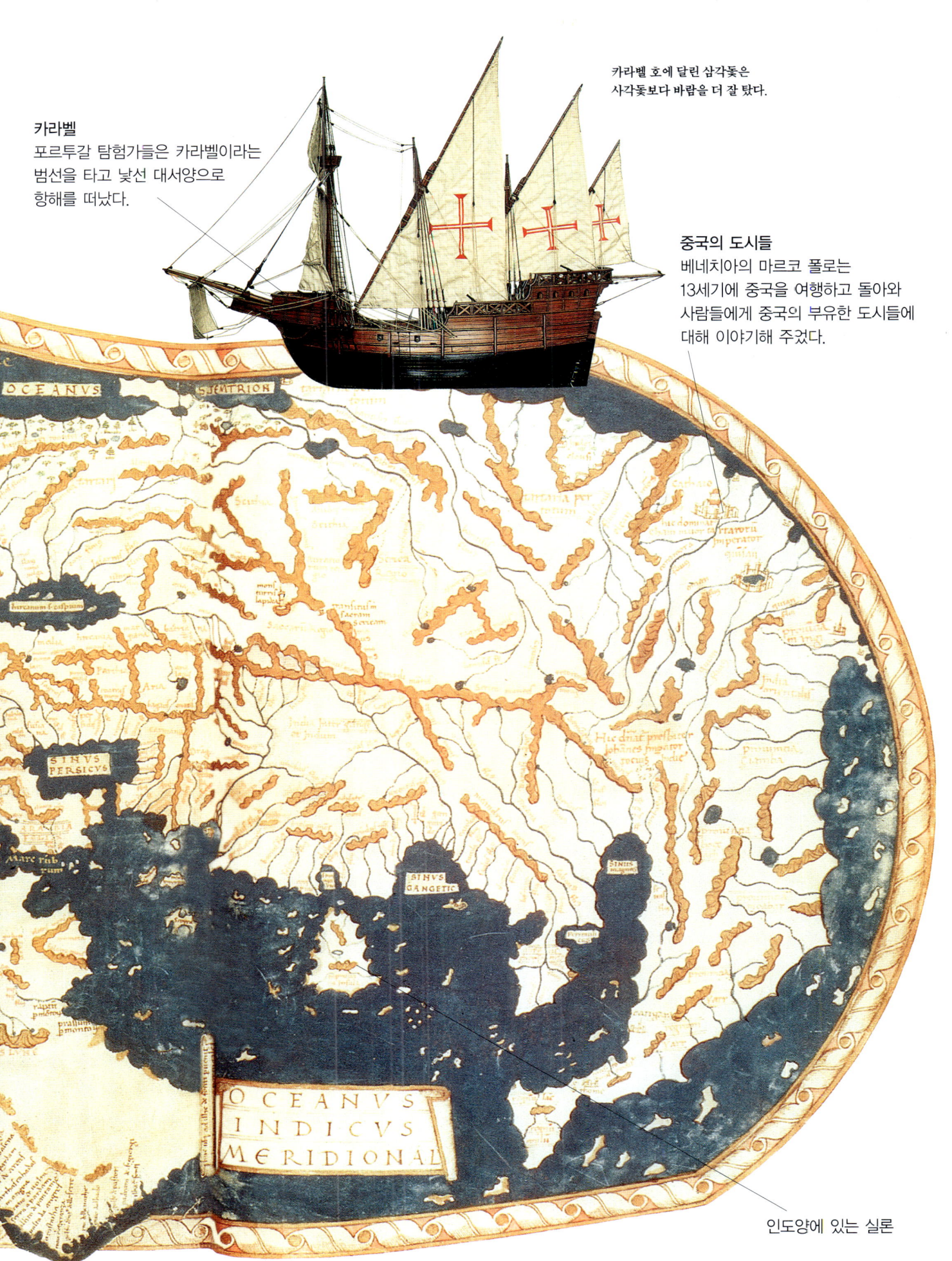

카라벨
포르투갈 탐험가들은 카라벨이라는 범선을 타고 낯선 대서양으로 항해를 떠났다.

카라벨 호에 달린 삼각돛은 사각돛보다 바람을 더 잘 탔다.

중국의 도시들
베네치아의 마르코 폴로는 13세기에 중국을 여행하고 돌아와 사람들에게 중국의 부유한 도시들에 대해 이야기해 주었다.

인도양에 있는 실론

탐험의 시대

인도를 찾아서

유럽 인들은 '인도'를 찾기 위해 항해에 나섰다.
여기서 말하는 인도는 고대 유럽 사람들이 아시아를 부르던 말로,
오늘날의 인도에서 일본까지 동양 모두를 가리킨다.
아시아에 대해서 거의 알려진 것이 없었기 때문에,
유럽 인들은 그저 인도를 넉넉하고 풍요로운 곳으로만 알았다.
인도에 넘쳐난다는 향료와 금, 여러 가지 보석과 비단 등은
유럽에서 귀한 물품이었다. 유럽 인들은 그 보물들을 얻고자
무척 애를 썼다.

> "지판구(일본)에는 금이 엄청나게 많다. 그 섬을 다스리는 지배자는 순금 지붕으로 덮인 커다란 궁전에 살고 있다."
>
> 마르코 폴로와 피사의 루스티첼로
> (『동방견문록』, 1299년경)

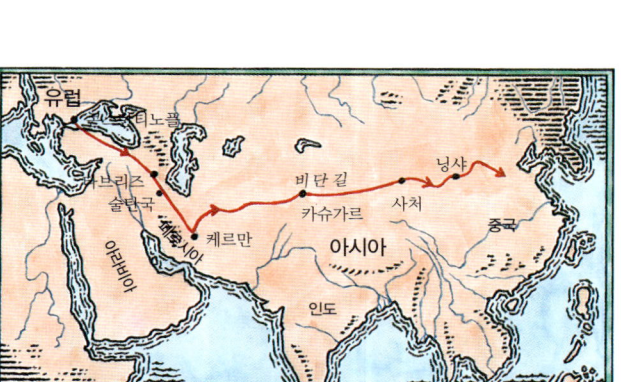

비단길

향료를 비롯한 동방의 온갖 산물들이 수백 년 동안 비단길이라는 무역로를 통해 서양에 전해졌다. 중간 상인들이 많은 이윤을 챙기는 바람에 동방에서 건너 온 물건들은 유럽에서 매우 비싼 가격에 팔렸다.

마르코 폴로

1200년대 후반에 베네치아의 상인 마르코 폴로는 유럽 인으로서는 보기 드물게 아시아를 여행했다. 그는 4년 동안 비단길을 따라 중국에 간 뒤, 17년 동안 그 곳에 머물면서 황제 쿠빌라이 칸의 외교관으로 일했다.

마르코 폴로는 칸(중국 황제)이 내린 임무를 수행하기 위해 아시아 구석구석을 여행했다.

비단길을 지나간 물품들

비단길을 통해 아시아 곳곳의 물자들이 서양으로 넘어갔다. 중국의 비단, 스리랑카의 계피, 인도의 후추가 대표적인 품목이다.

계피와 같은 향료는 유럽 인들의 식탁에 새로운 맛을 가져다 주었다.

계피

클로브

향료 제도

육두구와 클로브처럼 값비싼 향료는 인도네시아 동부의 '향료 제도'(몰루카 제도)에서만 생산되었다.

비단   육두구   후추

환상적인 이야기

마르코 폴로는 이탈리아로 돌아와 그가 둘러본 인도 이야기를 책으로 펴냈다. 아시아에는 보석이 가득 찬 강(위)을 비롯해 놀라운 곳이 많다고 소개했다. 사람들은 그의 책에 나오는 이야기를 좋아했지만 대부분 그가 꾸며 낸 것이라 여겼다.

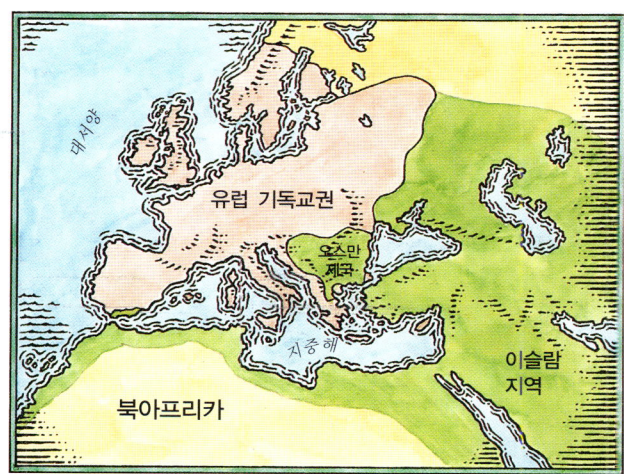

포위된 유럽

유럽 기독교권(분홍색)의 남쪽과 동쪽은 이슬람권 지역(녹색)에 가로막혀 있었다. 11세기 이후, 종교가 서로 다른 두 지역은 심하게 다투었으며, 기독교권은 십자군을 결성하여 이슬람권을 상대로 여러 차례 성전을 벌였다.

오스만 제국

15세기에 이르러 십자군 원정이 실패하면서, 기독교를 믿는 유럽은 궁지에 몰렸다. 이슬람교를 따르던 오스만투르크 족은 성전에 나서서 그리스와 발칸 반도를 정복하고, 로도스를 비롯한 지중해의 섬들을 차례로 손에 넣었다. 오스만 제국 때문에 유럽 인들은 육로를 거쳐 인도로 가기가 더욱 어려워졌다.

1522년, 로도스를 정복하는 오스만 군대

낙타는 말이나 당나귀보다 무거운 짐을 나를 수 있었을 뿐 아니라, 사막의 거친 환경에도 더 알맞았다.

카라반
비단길을 통해 물자를 나를 때에는 주로 낙타를 이용했다. 사막을 횡단하는 낙타들의 행렬을 카라반이라고 불렀다.

칸의 병사들이 자그마한 말을 타고 임무 수행에 나선 마르코 폴로를 호위했다.

포르투갈의 항해왕

엔리케 왕자는 이슬람 영토를 빙 돌아가는 바닷길을 개척해 항해왕이라는 별명을 얻었다. 1400년대 초, 그는 아프리카 해안을 따라 탐험대를 여러 차례 파견하여, 이른바 탐험의 시대를 열었다.

놀라운 사실

- 마르코 폴로는 제노바의 한 감옥에서 루스티첼로라는 작가에게 자신의 여행담을 들려주었다.

- 『동방견문록』에는 중국인들이 까만 돌을 연료로 쓴다는 이야기가 나온다. 당시 석탄이 뭔지 알지 못했던 유럽 인들은 그 말을 믿지 않았다.

- 혹시 『동방견문록』이 꾸며 낸 이야기가 아니냐는 질문을 받은 마르코 폴로는 인도에서 본 것을 채 반도 적지 못했다고 대꾸했다.

- 또다른 여행자들은 거인이 개미들을 부려 금을 캔다거나 머리가 없고 얼굴이 가슴에 붙은 사람들이 산다는 이야기를 전했다.

프레스터 요한

상상 속의 왕
프레스터 요한은 지도의 그림으로만 존재했다.

엔리케 왕자는 여행자들에게서 아프리카 혹은 아시아 어딘가에 기독교를 믿고 힘이 센 '프레스터 요한'이라는 왕이 산다는 말을 들었다. 왕자는 포르투갈 선박들이 프레스터 요한을 찾을지도 모른다는 희망에 부풀어, 이슬람교도를 상대로 다시 십자군 원정을 나서려고 했다.

크리스토퍼 콜럼버스

1451년, 북이탈리아 제노바에서 태어난 크리스토퍼 콜럼버스는 어릴 때부터 아버지처럼 천을 짜고 양털을 파는 상인이 되기보다는 바다로 나가고 싶어했다. 십대 중반에 콜럼버스는 지중해 곳곳을 들르는 장삿배를 타게 되었다. 비록 학교 교육을 많이 받지는 못했지만 그는 항해가로서 타고난 자질을 보여주었다. 스물다섯 살이 되던 해, 콜럼버스는 포르투갈로 갔다. 세상에 관한 호기심으로 가득한 청년 콜럼버스에게 탐험의 시대를 맞은 포르투갈은 아주 매력적인 곳이었다.

제노바 항구를 묘사한 판화
콜럼버스의 고향인 제노바는 지중해의 주요 항구였다. 소년 시절, 콜럼버스는 장삿배 수백 척이 드나드는 모습을 보면서 뱃사람으로서 모험이 가득한 삶을 꿈꾸었을 것이다.

리스본의 부두
콜럼버스가 정착한 포르투갈의 수도 리스본은 넓은 타구스 강변에 자리 잡고 있어 대서양으로 나아가기 좋은 조건을 갖추고 있었다. 리스본의 부두는 여러 나라에서 온 선원들이 제각기 다른 언어로 이야기하며 배의 화물을 싣고 내리는 소리로 언제나 시끌벅적했다.

선원 콜럼버스
뛰어난 항해가였던 콜럼버스는 사람들로 붐비는 부두에서 누구에게나 환영을 받았다.

유럽의 수출품
아프리카로 가는 포르투갈 선박에는 말과 유리구슬, 놋쇠로 된 종, 카펫, 영국산 양모와 아일랜드산 아마포가 실렸다.

조난
콜럼버스는 조난을 당하는 바람에 포르투갈에 가게 되었다. 1476년에 그가 탔던 제노바 함대는 포르투갈 근처 바다에서 프랑스 전함의 공격을 받았다. 콜럼버스가 탄 배는 가라앉았지만 그는 무사히 해안에 닿을 수 있었다.

대서양으로
콜럼버스는 리스본에서 무역을 하러 대서양으로 떠나는 배를 여러 번 타 보았다. 북쪽으로는 아이슬란드까지, 남쪽으로는 기니까지 항해하면서 그는 대서양의 바람과 해류에 대해 알게 되었다.

물에 빠진 콜럼버스는 물에 떠 있던 노에 올라타 목숨을 건졌다.

즐겨 쓰던 항해 도구

콜럼버스는 나침반과 십자형 선들이 그려진 포르톨라노라는 지도로 바다에서 길을 찾는 방법을 배웠다. 자주 가 본 바다를 항해할 때, 선원들은 이 두 가지 항해 도구로 항구 사이를 잇는 경로를 정했다.

나침반
늘 북쪽을 향하는 지침으로 방향과 위치를 측정할 수 있다.

포르톨라노 지도
십자형 선들이 격자처럼 그려져 있는 이 지도는 정확한 길잡이로 쓰기 편했다. 항해가들은 지도 위의 선들을 보면서 방향과 항구 사이의 거리를 쟀다.

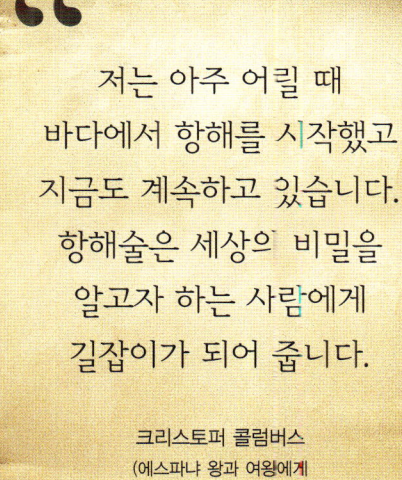

> 저는 아주 어릴 때 바다에서 항해를 시작했고 지금도 계속하고 있습니다. 항해술은 세상의 비밀을 알고자 하는 사람에게 길잡이가 되어 줍니다.
>
> 크리스토퍼 콜럼버스
> (에스파냐 왕과 여왕에게 보낸 편지에서, 1501년)

황금 해안의 무역

포르투갈은 서아프리카 기니에서 금이 가득 묻힌 곳을 발견하고 그 곳을 '황금 해안'이라 이름 붙였다. 여기서 나온 금은 리스본으로 옮겨져 '십자군'이라는 뜻의 화폐 크루자도스를 만드는 데 쓰였다.

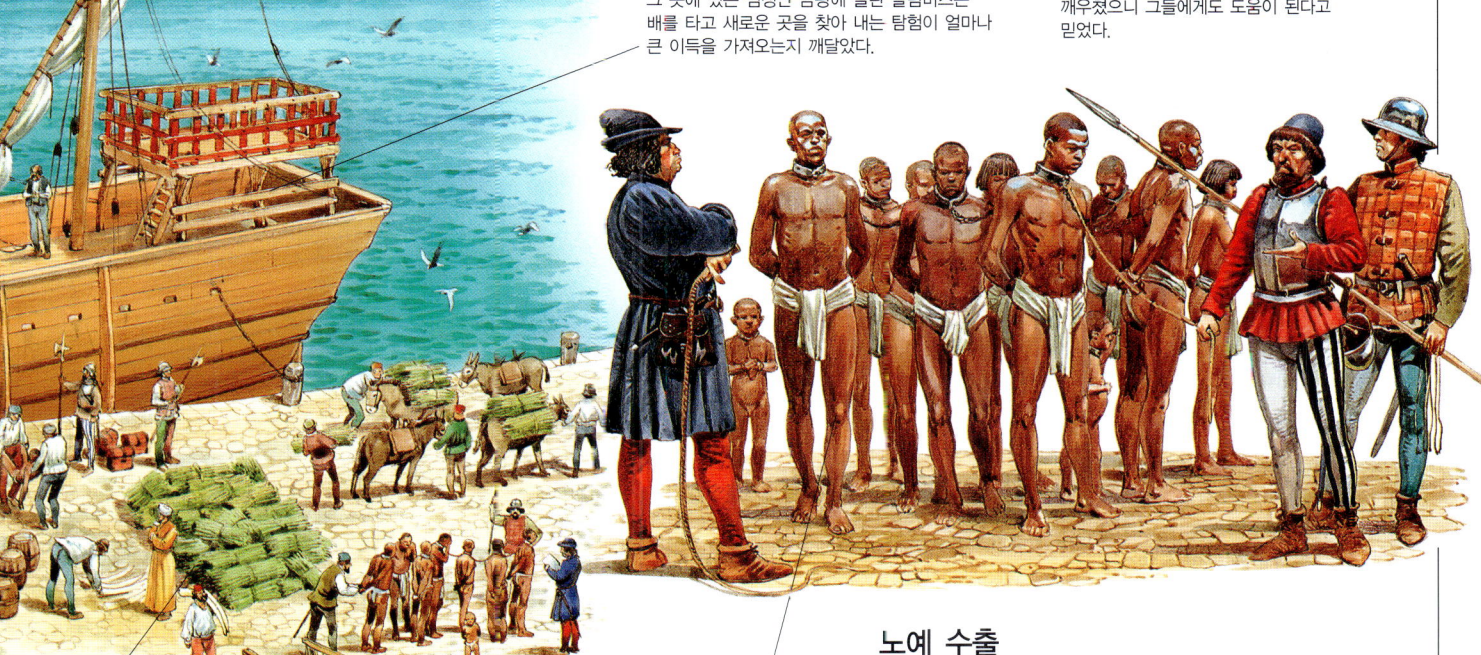

넉넉한 보수
콜럼버스는 이런 배를 타고 기니까지 갔다. 그 곳에 있는 엄청난 금광에 놀란 콜럼버스는 배를 타고 새로운 곳을 찾아 내는 탐험이 얼마나 큰 이득을 가져오는지 깨달았다.

포로들의 개종
포르투갈 선원들은 기독교 신자가 아닌 사람들은 노예로 삼아도 괜찮다고 생각했다. 노예들이 기독교를 믿게 되면 '참된 신앙'을 깨우쳤으니 그들에게도 도움이 된다고 믿었다.

마데이라에서 생산된 사탕수수

아프리카의 수출품
아프리카에서 온 배에는 노예와 함께 사금과 상아, 후추와 비슷한 말라구에타라는 향료 등이 실려 있었다.

아프리카 노예 11명은 말 한 마리와 바꿀 수 있었다.

노예 수출
1450년에서 1500년까지 아프리카 노예 약 15만 명이 리스본 부두를 거쳐 갔다. 포르투갈 사람들은 현지에 있던 노예 상인들과 아프리카 추장들에게 노예를 샀다. 추장들은 자기들끼리 자주 전쟁을 벌였는데, 그 전쟁에서 사로잡은 포로들을 모두 노예로 팔아넘겼다.

콜럼버스의 계획

> 지구는 둥글다.
> 지구의 여섯 구역은
> 사람이 살 수 있으며,
> 일곱 번째 구역만
> 물로 뒤덮여 있다.
> 에스파냐의 끝과 인도가 시작되는
> 곳 사이에 좁은 바다가 있다.
> 순풍을 받으면 며칠 안에
> 그 바다를 건널 수 있다.
>
> 추기경 피에르 다이
> (『세계의 모습』, 1410년)

무역을 하기 위해 대서양으로 항해를 떠나 있는 동안, 콜럼버스는 분명 서쪽 수평선을 바라보면서 그 너머에 무엇이 있을지 궁금해했을 것이다. 그 때까지 대서양은 신비에 휩싸여 있었다. 얼마나 넓은지, 대서양을 건너면 무엇이 있는지 아무도 알지 못했다. 콜럼버스는 마르코 폴로의 책을 읽고 지판구에 있다는 금으로 지붕을 올린 궁전과 중국의 대칸이 가진 막대한 재산에 대해 알게 되었다. 그는 그 부자 나라들이 대서양 반대쪽에 있다고 생각했고, 배를 타고 서쪽으로 가면 그 곳에 닿을 수 있으리라 믿었다. 곧 콜럼버스는 대서양을 건너 보물이 가득한 인도로 가기 위해 계획을 세우기 시작했다.

『세계의 모습』

콜럼버스는 자신이 세운 계획에 대한 근거를 프랑스의 피에르 다이 추기경이 쓴 『세계의 모습』이라는 책에서 찾았다. 고대 유대 인이 쓴 『에스드라』에서 지구 표면의 7분의 1이 바다라고 읽은 추기경은 이를 근거로 대서양이 그다지 넓은 바다가 아닐 수도 있다고 주장했다.

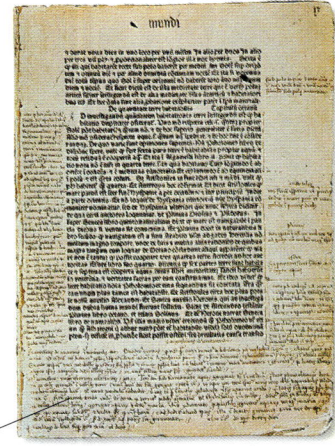

콜럼버스가 가지고 있던 『세계의 모습』 곳곳에는 그가 남긴 메모가 가득했다. 콜럼버스는 이 책을 꽤나 여러 번 읽은 것으로 보인다.

토스카넬리

1474년, 이탈리아 학자 파올로 토스카넬리는 아시아 항로를 찾으러 떠나는 항해를 지원해 달라고 포르투갈 왕을 설득했다. 콜럼버스의 편지를 받은 토스카넬리는 콜럼버스의 계획을 '위대하고 고귀한 욕망'이라고 칭찬하는 답장과 함께 바다 지도 한 장을 보내 주었다.

증거

콜럼버스는 지리와 관련된 책들을 뒤져 자신이 계획한 항해가 가능하다는 증거를 찾았다. 그리고 유럽과 아시아의 크기, 지구의 둘레를 계산했다. 자신의 견해에 도움이 되는 학자들만 뽑아 자신의 짐작대로 대서양이 좁은 바다라는 것을 증명하고자 했다.

콜럼버스는 늘 『세계의 모습』과 『동방견문록』을 지니고 다녔다.

지도 제작 솜씨가 뛰어난 콜럼버스는 자신의 계획이 옳다는 것을 보여주고자 바다 지도를 직접 그렸다.

성서

신앙심이 깊었던 콜럼버스는 신의 말씀을 기록한 성서에 중요한 지식이 모두 담겨 있다고 믿었다. 성서에 나오는 대륙은 유럽과 아프리카, 아시아뿐이어서 콜럼버스는 아메리카 대륙이 있다고는 짐작조차 하지 못했다.

신앙심이 두터운 콜럼버스는 성서를 자주 읽었다.

콜럼버스와 이름이 같은 성 크리스토포루스는 뱃사람과 여행자를 지켜 주는 성자였다.

콜럼버스는 십자가와 묵주를 가지고 기도했을 것이다.

성 크리스토포루스

크리스토포루스라는 이름은 '그리스도의 심부름꾼'이라는 뜻이다. 전설에 따르면 이 이름을 지닌 성자가 한 아이를 업어 강을 건너게 해 주었는데, 그 아이가 바로 예수 그리스도였다. 콜럼버스는 자기가 기독교를 바다 건너 인도에 전하라는 사명을 받은 또 한 명의 크리스토포루스라고 생각했다.

지도 제작

당대 지식인들은 지구가 둥글다는 것은 알았지만, 지구의 크기와 바다 넓이 등에 대해서는 저마다 의견이 달랐다. 학자들은 대서양이 차지하는 넓이가 지구의 반이 넘는다고 생각했다. 이러한 짐작이 옳다면 콜럼버스가 계획한 항해는 불가능해진다. 따라서 콜럼버스는 이 견해를 믿지 않았다.

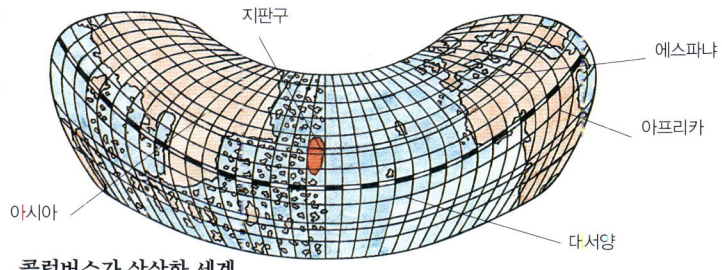

콜럼버스가 상상한 세계
콜럼버스는 에스파냐와 아시아 사이에는 대서양밖에 없을 거라고 추측했다. 또한 아시아 해안에는 섬이 많다고 여기고, 그 곳에서 항해를 마칠 계획을 세웠다.

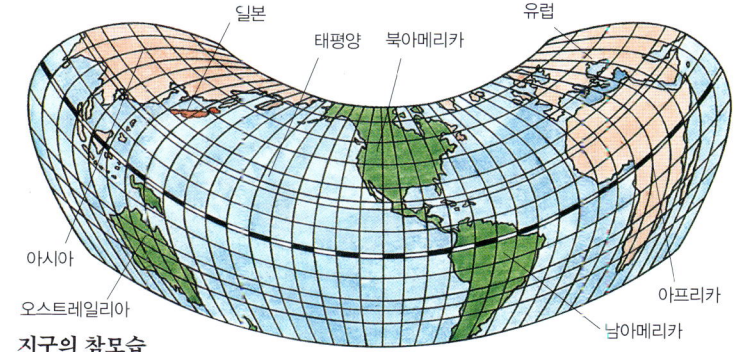

지구의 참모습
콜럼버스는 지구의 크기를 실제보다 훨씬 작게 계산했다. 아시아가 있다고 생각한 곳에는 거대한 남북 아메리카 대륙이 있으며, 아시아 아래에는 오스트레일리아가 있다. 아메리카와 아시아 사이에는 태평양이라는 넓고 넓은 바다가 있다.

마르틴 베하임

독일 지리학자인 마르틴 베하임은 세계의 모습을 콜럼버스와 비슷하게 보았다. 즉, 서쪽 바다로 계속 나아가면 인도까지 갈 수 있다고 믿었다. 그와 콜럼버스는 같은 시기에 포르투갈에 있었지만 서로 만났다는 기록은 없다.

베하임이 만든 지구
1492년, 마르틴 베하임은 서쪽 항해로 인도에 갈 수 있음을 보여주는 지구본을 만들었다. 이 지구본은 오늘날까지 전해지는 지구본 가운데 가장 오래 되었다.

1492년 베하임이 만든 지구본의 복제품

왕실 지원을 요청하다

콜럼버스는 왕실이 뒷받침해 주지 않으면 항해를 떠날 수 없었다. 그는 왕의 대사 자격으로 인도를 찾고 싶었을 뿐 아니라, 왕실이 돈을 넉넉히 대 주어야만 선박과 선원, 그리고 보급품 등을 마련할 수 있었다. 콜럼버스는 새로운 발견의 대가로 귀족이 되려는 야망도 품고 있었다. 1484년, 콜럼버스는 포르투갈의 왕인 주앙 2세에게 자신이 세운 계획을 설명했다. 하지만 마르코 폴로의 지판구 이야기를 믿지 않았던 왕은 그의 제안을 거절했다. 주앙 2세는 포르투갈 선박들이 아프리카에서 벌어다 주는 이익에 더 관심이 컸다.

여왕을 찾아가다
포르투갈에서 퇴짜를 맞은 콜럼버스는 1485년에 에스파냐로 가서 페르난도 왕과 이사벨 여왕에게 지원을 요청했다. 1년 뒤, 코르도바에서 콜럼버스를 다시 만난 이사벨 여왕은 그의 계획에 관심을 보였다.

되찾은 영토
페르난도 왕과 이사벨 여왕은 에스파냐 남부에서 이슬람교를 믿는 무어 인들과 전쟁을 벌이느라 여념이 없었다. 1492년 1월 2일, 무어 인들의 마지막 거점인 그라나다를 함락하고 여유를 되찾은 두 사람은 그제야 콜럼버스의 제안에 관심을 보였다.

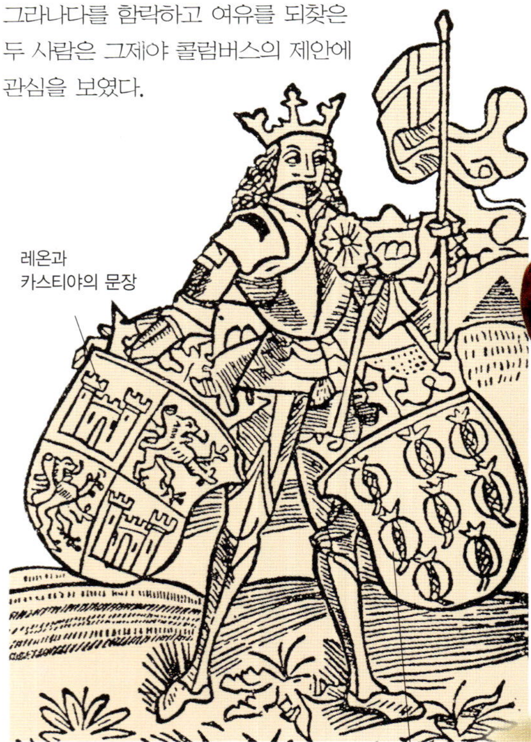

위원회를 열다
지리나 항해에 문외한이었던 페르난도 왕과 이사벨 여왕은 전문가들을 모아 위원회를 열어 콜럼버스의 계획을 검토하게 했다. 위원회는 주로 성직자들로 이루어졌으며, 학자와 선원 몇 명이 포함되었다.

계획서를 내다
콜럼버스는 전문가들에게 자신의 계획을 설명했다. 그리고 그들을 설득하고자 대서양을 그린 바다 지도도 보여 주고 자신이 좋아하는 지리서도 읽어 주었다.

레온과 카스티야의 문장

1492년, 그라나다를 함락한 페르난도 왕의 모습을 담은 목판화

그라나다의 문장

다시 포르투갈로

1488년, 전문가들의 결정을 기다리던 콜럼버스는 포르투갈에서 다시 한 번 자신의 운명을 시험해 보기로 했다. 그가 포르투갈을 찾았을 때는 마침 탐험가 바르톨로뮤 디아스가 아프리카 남단을 돌아 인도양으로 가는 항로를 발견하고 돌아왔을 무렵이었다.

희망과 좌절
디아스가 발견한 곳에 '희망봉'이라는 이름이 붙었다. 그가 인도로 가는 동쪽 항로를 열었기 때문에, 포르투갈은 또다시 콜럼버스를 외면했다. 콜럼버스는 좌절을 느끼며 에스파냐로 돌아가야 했다.

디아스는 희망봉에 십자가를 세워 포르투갈 영토임을 표시했다.

전문가들의 결정

전문가들은 콜럼버스의 생각이 틀렸으며, 아시아까지 가는 데 적어도 3년이 걸린다고 판단했다. 페르난도 왕과 이사벨 여왕은 새로 발견한 영토의 총독으로 임명해 달라는 콜럼버스의 요구도 무시했다. 결국 결정을 놓고 6년 반이나 끌던 위원회는 1492년 1월, 또다시 콜럼버스의 계획에 퇴짜를 놓았다.

산탕헬은 콜럼버스의 계획을 허락해 달라고 이사벨 여왕을 설득했다.

친구

왕실 재무관인 루이스 데 산탕헬은 콜럼버스의 친구였다. 그는 콜럼버스의 계획이 에스파냐에 부와 명예를 가져다 줄 뿐 아니라, 기독교를 널리 퍼뜨리는 데 도움이 될 것이라고 말했다. 또 에스파냐가 거절하면 다른 경쟁국이 그의 항해를 지원하게 된다고 경고했다.

항해 경비

콜럼버스를 굳게 믿던 산탕헬은 자신이 직접 경비를 대겠다고 제안했다. 산탕헬의 말을 듣고 마음을 바꾼 이사벨 여왕도 자신의 보석을 잡혀서라도 항해 경비를 마련하겠다고 했다.

페르난도 왕과 이사벨 여왕이 새겨진 금화

전문가들은 콜럼버스의 추측을 믿으려 하지 않았다.

콜럼버스는 왕의 전령에게 반가운 소식을 들었다.

왕실의 부름을 받은 콜럼버스

콜럼버스는 프랑스 왕에게 자신의 계획을 설명할 작정이었다. 짐을 꾸리고 프랑스로 막 떠나려는 참에 왕의 전령이 찾아와 여왕이 마음을 바꿨다는 말을 전했다. 드디어 인도를 찾아 떠날 수 있게 된 것이다.

선박과 선원

1492년 5월 12일, 마침내 콜럼버스는 에스파냐 남해안의 팔로스 항구에서 인도로 떠나는 항해를 준비했다. 팔로스 사람들은 페르난도 왕과 이사벨 여왕을 크게 화나게 한 적이 있었다. 그 대가로 그들은 콜럼버스에게 니냐 호와 핀타 호를 제공하라는 명령을 받았다. 이 두 척의 선박과 콜럼버스의 친구인 후안 데 라 코사가 마련한 산타마리아 호까지, 모두 세 척의 배가 준비되었다. 콜럼버스는 이제 세 척의 배에 태울 90여 명의 선원들을 구해야만 했다.

산타마리아 호
선박에는 주로 성인의 이름을 딴 공식 이름과 함께 여성의 이름으로 별명을 붙였다. 산타마리아 호는 에스파냐 북부 갈리시아에서 만들어졌기 때문에 '갈리시아의 배'라는 별명이 있었다. 둥근 형태의 화물선이었던 산타마리아 호는 함대 가운데 가장 느리고 조종하기 어려운 배였다.

산타마리아 호의 내부
산타마리아 호는 넉 달 동안 선원 40여 명과 바퀴벌레, 쥐, 이와 벼룩이 함께 살아가는 집이었다. 콜럼버스를 위한 선실은 따로 있었지만, 다른 선원들은 모두 갑판 위에서 잠을 잤다. 갑판 아래는 너무 좁을뿐더러 악취도 심했다.

경포

무기
인도 사람들이 자신들에게 어떤 반응을 보일지 알 수 없었던 콜럼버스는 만약의 사태를 대비해 배에 소형 회전식 경포와 대포를 설치했으며, 선원들을 칼과 활, 소총으로 무장시켰다.

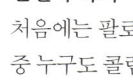

닻은 이 구멍에 걸려 있는 길고 굵은 닻줄로 올리고 내렸다.

파수꾼 — 배의 맨 앞과 돛대머리에서 파수꾼이 바다를 살피며 육지를 찾았다.

선원 구하기
처음에는 팔로스 사람들 중 누구도 콜럼버스의 항해에 함께하려 하지 않았다. 외국인의 지휘를 받으며 낯선 바다로 나아가는 데 목숨을 걸고 싶지 않았기 때문이다. 사람들은 콜럼버스의 계획을 미친 짓으로 여겼다.

여분의 돛

식사는 포곤이라는 화로 위에서 만들었다.

구조 보트

배수
선원들은 날마다 선창에 스며든 물을 빼 내야 했다. 나무로 만든 배라 물이 스며드는 것을 막기 어려웠다.

니냐 호

삼각돛을 단 카라벨, 니냐 호는 가장 작은 배였다. 공식 명칭은 산타클라라였으며, '소녀'라는 뜻의 니냐는 배의 주인이자 부함장으로서 항해를 함께한 후안 니뇨의 이름에서 따온 듯하다. 콜럼버스는 폭풍우 속에서도 조종하기 쉬웠던 이 배를 무척 마음에 들어했다.

핀타 호

세 척 가운데 가장 빠른 핀타 호는 사각돛을 단 카라벨로, 카라벨라 레돈다('둥근 카라벨')로 불렸다. 핀타는 '점박이'라는 뜻의 별명인데, 공식 명칭은 알려지지 않았다. 항해 기간에 핀타 호는 거의 늘 다른 배들을 앞질러 먼저 육지를 찾아 냈다.

핀손 형제

팔로스에서 이름난 선장이었던 마르틴 알론소 핀손은 콜럼버스의 계획을 적극 환영했다. 핀손은 그 항해에 함께하고 싶어헛을 뿐 아니라, 역시 뱃사람인 동생 빈센테 야녜스 핀손까지 항해에 끌어들였다.

빈센테 핀손
니냐 호는 빈센테가 맡았다. 훗날 그는 혼자 남아메리카를 탐험하기 위해 항해에 나섰다.

마르틴 핀손
핀타 호의 선장인 마르틴은 항해 도중이 콜럼버스와 다툰 뒤, 제멋대로 항로를 결정했다.

보급품

콜럼버스는 선원들이 몇 달 동안 생활하는 데 부족함이 없도록 보급품을 넉넉히 준비했다. 술·물·식초·훈계 생선·돼지고기·쇠고기는 나무통에, 쌀·밀가루·콩·비스킷은 자루에 담아 보관했다. 그 밖에도 포탄·화약·석궁용 화살·낚싯줄과 바늘도 실었고, 양모 모자와 유리구슬 등의 무역품도 챙겼다.

거짓으로 기록하다
9월 10일

카나리아 제도를 떠난 뒤 콜럼버스는 선원들에게 보여주는 항해 일지를 거짓으로 쓰기로 결심했다. 에스파냐에서 멀어질수록 선원들이 점점 더 불안해할 것이 뻔했기 때문이다. 콜럼버스는 거짓으로 쓴 항해 일지로 선원들을 안심시키려고 했다.

사르가소 해
9월 16일

함대는 연둣빛 해초가 가득하고 그 사이로 작은 게들이 기어 다니는 바다를 항해했다. 모두 육지가 가까이 있다는 신호라고 생각했다. 그러나 함대는 해초가 떠다니는 너른 바다인 사르가소 해를 지나는 중이었다.

해초가 떠다니는 바다
사르가소라는 이름은 해초를 뜻하는 포르투갈 어 '사르가소'에서 비롯되었다.

포도송이처럼 보이는 공기 주머니 덕분에 엄청난 양의 해초들이 물 위를 떠다닐 수 있었다.

추측 항법

콜럼버스는 해와 별들의 위치를 계산하지 않고 '추측 항법'을 이용해 항해했다. 추측 항법은 배가 날마다 나아가는 거리와 방향을 계산하여 배가 어디 있는지 알아 내는 방법이다. 콜럼버스는 밤마다 바다 지도에 자신이 추측한 위치를 기록했다.

속도
노련한 뱃사람인 콜럼버스는 자기 배가 바다 위를 얼마나 빠른 속도로 가는지 눈으로 보고 알아 냈다. 그는 뱃전 너머에서 이는 물거품을 보거나 바다 위에 나무 조각을 띄워 배의 속도를 가늠했다.

모래시계
이동한 거리를 재기 위해서는 정해진 시간에 배의 속도가 얼마인지 알아야 했다. 시간은 모래시계로 쟀다. 배에서 일하는 소년이 30분마다 모래시계를 거꾸로 뒤집었다.

모래가 위에서 아래로 모두 흘러내리는 데 30분이 걸렸다.

키잡이는 나침반을 보고 방향을 파악했다.

가로판

가로판
키잡이는 30분마다 한 번씩 가로판에 나무못을 꽂아 배가 움직이는 방향을 기록했다. 가로판 아래에는 콜럼버스가 갑판에서 외치는 소리를 듣고 이동한 거리를 표시하는 또다른 나무못이 있었다.

출 발 준 비

항해

사각돛이 바람을 잘 타 준 덕분에 산타마리아 호와 핀타 호는 카나리아 제도까지 쉽사리 갈 수 있었다. 하지만 삼각돛을 가진 니냐 호는 항해하는 데 어려움을 겪었다. 바람의 방향이 바뀔 때마다 니냐 호의 선원들은 이쪽저쪽으로 돛의 방향을 바꿔야 했다. 항해를 시작한 지 나흘째 되는 날에는 핀타 호의 키가 고정대에서 떨어져 나가는 사고가 일어났다. 급한 대로 손을 보기는 했지만 키는 금세 다시 헐거워졌다. 별수 없이 카나리아 제도에 머물며 키를 수리하는 동안, 콜럼버스는 니냐 호의 삼각돛을 다른 두 척처럼 사각돛으로 바꾸기로 했다.

항해 일지
배가 나아간 여정을 기록한 일지. 콜럼버스는 함대가 실제로 이동한 거리보다 더 짧게 기록했다. 선원들이 낯선 바다에 얼마나 멀리 왔는지 알지 못하게 하기 위해서였다.

8월 9일 니냐 호를 손보다
삼각돛을 단 니냐 호는 돛대 세 개가 모두 배 뒷부분에 몰려 있었다. 덕분에 배 앞부분에는 삼각형 큰 돛대를 설치할 만한 공간이 넉넉했다. 사각돛을 새로 단 뒤, 돛대들이 적절한 간격을 유지하는지 살펴본 다음에 중앙돛대를 좀더 앞으로 옮겼다.

선박 수리
대장장이는 쇠붙이로 핀타 호 키를 고정시켜 줄 부속품을 새로 만들었다.

돛대 세우기
사람들은 조심스럽게 니냐 호의 돛대를 새로운 위치로 옮겼다.

출발 준비

1492년 8월 3일 금요일, 동이 틀 무렵 콜럼버스는 세 척의 배를 이끌고 팔로스 항구를 출발했다. 함대는 먼저 남서쪽에 있는 카나리아 제도로 가서 필요한 보급품을 보충했다. 콜럼버스는 카나리아 제도에서 서쪽으로 곧장 나아가면 일본에 도착하게 된다고 생각했다. 따라서 행운이 뒤따르고 바람만 잘 불어 준다면 며칠 안에 일본에 닿을 수 있다고 믿었다.

돛에는 붉은 십자가를 그렸다. 선원들은 이 성스러운 십자가가 신의 보호를 가져다주기를 바랐다.

마르틴 알론소 핀손이 이끄는 핀타 호

깃발에는 에스파냐 왕실 문장을 그려 넣었다.

콜럼버스는 기함인 산타마리아 호를 타고 항해했다.

" 나는 이 항해에서 날마다 보고 겪은 모든 일을 꼼꼼히 기록하기로 했다. 무엇보다 잠을 못 자더라도 항로는 주의 깊게 살펴야 한다. 이 모든 작업은 결코 하찮은 일이 아니다.

크리스토퍼 콜럼버스
(항해 일지, 1492년) "

콜럼버스의 함대를 묘사한 그림, 19세기

빈센테 야녜스 핀손이 이끄는 니냐 호의 삼각돛

완벽한 항로
북대서양의 바람은 시계 방향으로 커다란 원을 그린다. 카나리아 제도에서 서쪽으로 항해할 때 콜럼버스는 내내 이 바람을 탔다. 만약 그가 에스파냐에서 곧장 서쪽으로 항해했다면 역풍을 만났을 것이다. 콜럼버스는 완벽한 항로를 골랐다.

> " 콜럼버스는 무릎을 꿇고 땅바닥에 입을 맞추며 마침내 뭍에 닿았다는 가슴 벅찬 기쁨의 눈물을 흘렸다. 그러고는 일어나 그 섬에 산살바도르(거룩한 구세주)라는 이름을 붙였다. "
>
> 페르디난도 콜럼버스
> 『제독의 생애』, 1530년대

마침내 상륙하다

10월 12일 금요일 오전 2시, 핀타 호 꼭대기를 지키던 파수꾼은 달빛 속에서 어슴푸레 절벽의 모습을 보았다. 육지가 나타난 것이다! 핀타 호는 대포를 쏘아 다른 두 척의 배에도 이 기쁜 소식을 알렸다. 콜럼버스는 동이 틀 때까지 기다렸다가 무장한 선원들과 함께 보트를 타고 해안으로 갔다.

첫 발을 내딛다
10월 12일
무장한 선원들이 왕실 깃발을 가져오는 동안, 콜럼버스는 자신이 산살바도르라 이름 붙인 이 섬이 에스파냐 왕과 여왕의 소유임을 선언했다. 섬에 사는 원주민들은 놀라움과 호기심 섞인 눈으로 그를 지켜보았다.

콜럼버스는 환희와 안도감에 휩싸여 눈물을 흘렸다. 그는 일행이 인도에 도착했다고 확신했다.

바다에서의 생활

선원들은 네 시간씩 일하고 쉬는 생활방식에 익숙해졌다. 선원의 절반이 쉬는 동안, 나머지 절반이 항해를 이어갔다. 바람이 꾸준히 불어 준 덕분에 항해는 순조로웠다. 선원들은 지루함을 가장 못 견뎌했다.

휴식 시간

쉬는 시간이면 선원들은 잠을 자거나 낚시와 오락을 즐겼다. 그들은 주사위 놀이도 하고, 서로 살아온 이야기도 나눴다. 노래를 부르기도 했고, 때때로 항해가 지루하다며 불평하기도 했다. 거의 씻지 않았지만, 이따금 헤엄을 치러 바다에 뛰어드는 선원도 있었다.

신앙 생활

선원들의 목숨은 날씨에 달려 있었다. 신앙심이 두터웠던 선원들 대부분은 신과 성자들에게 안전한 항해를 빌었다. 밤마다 선원들은 모여서 성모 마리아에게 바치는 찬송가 〈거룩하신 여왕님을 찬송하라〉를 불렀다.

따뜻한 식사

하루 한 번씩 선원들은 장작불을 피워 포근 위에서 만든 스튜와 같은 따뜻한 식사를 할 수 있었다. 하지만 날씨가 궂으면 불을 오래 피울 수가 없어서 찬 음식을 먹어야 했다.

착각이 불러온 흥분

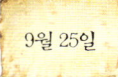 9월 25일

핀타 호의 선장 마르틴 알론소 핀손이 남서쪽에 육지가 보인다고 소리쳤다. 콜럼버스는 무릎을 꿇고 신에게 기도했고, 선원들은 다 함께 찬송가를 불렀다. 그러나 다음 날 확인해 보니 한낱 구름 덩어리를 육지로 착각한 것이었다.

콜럼버스는 선원들에게 목적지에 거의 다 왔는데, 이제 와서 돌아가는 것은 말도 안 된다고 반박했다.

니냐 호의 파수꾼도 육지가 보인다고 말했다.

새를 뒤쫓아라!

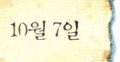 10월 7일

남서쪽으로 날아가는 수많은 새떼가 나타나자 콜럼버스는 새들이 육지를 향해 날아간다고 추측하고 뱃머리를 돌렸다.

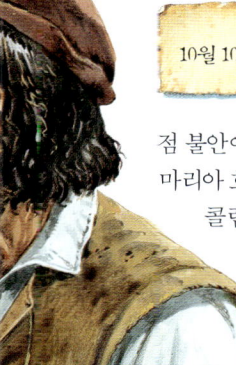

폭동 일보 직전

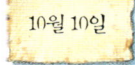 10월 10일

몇 주가 지나도록 육지가 보이지 않자 선원들은 점점 불안에 떨었다. 마침내 10월 10일, 산타 마리아 호의 선원들은 더 이상 참지 못하고 콜럼버스에게 몰려가 어리석은 계획을 포기하고 되돌아가자고 주장했다. 콜럼버스는 성난 선원들의 요구를 거절했다.

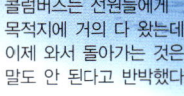

출발 준비

하늘에서 내려온 사람들

> "그들은 우리더러 하늘에서 내려왔냐고 묻고 있었다. 한 노인이 보트로 올라왔고 다른 사람들은 '이리 와서 하늘에서 내려온 사람들을 봐요!' 하고 소리쳤다.
>
> 크리스토퍼 콜럼버스
> (항해 일지, 1492년)"

콜럼버스가 상륙한 곳은 오늘날 바하마 군도로 알려진 섬이었다. 섬에는 타이노 족이 살고 있었다. 원주민들은 옷을 갖춰 입고 수염을 기른 낯선 사람들을 보고 깜짝 놀랐다. 그들은 에스파냐 선원들을 하늘에서 내려온 사람들이라고 생각했다. 두려움이 가시자 타이노 족은 이 낯선 사람들을 즐겁게 해 주려고 애썼다. 콜럼버스는 이 '인도인들'을 쓸 만한 하인으로 부리기로 결심했다.

마을을 찾아가다

콜럼버스는 이 섬 저 섬을 돌아다니며 타이노 족 마을들을 찾아갔다. 집 1천 채에 주민이 5천 명이나 되는, 도시 규모의 마을도 있었다.

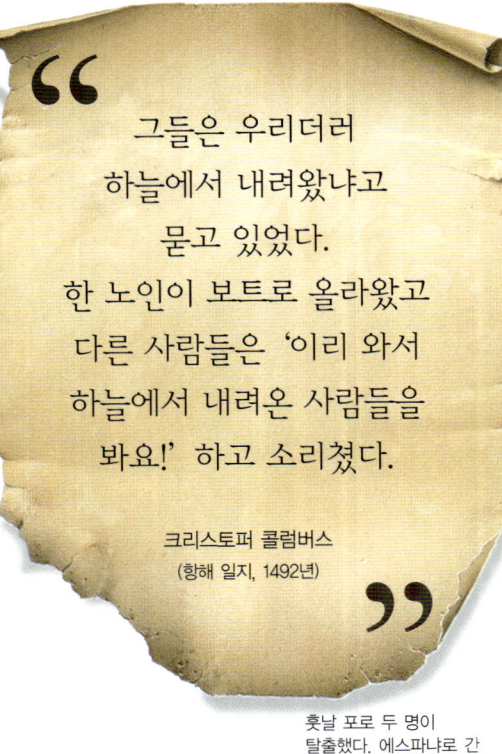

콜럼버스는 타이노 족을 에스파냐에 데려가면 왕과 여왕이 크게 놀랄 것이라고 생각했다.

훗날 포로 두 명이 탈출했다. 에스파냐로 간 나머지 포로들은 두 번 다시 고향 땅을 밟지 못했다.

원주민들은 목화로 옷과 해먹을 만들었다.

타이노 족은 도기를 만드는 기술이 뛰어났다.

옥수수를 갈아 죽을 만들었다.

길잡이들을 사로잡다

뭍에 오른 것은 기뻤지만 콜럼버스는 이 곳이 꿈에 그리던 일본인지 확신할 수 없었다. 금 지붕을 덮은 궁전은 대체 어디 있을까? 일본을 찾으려면 길잡이가 있어야 했다. 콜럼버스는 타이노 족 일곱 명을 사로잡아 배에 태웠다.

처음 맛본 먹을거리

콜럼버스에게는 섬에서 접한 모든 것이 너무나 새롭고 신기했다. 지금은 우리에게 익숙하기만 한 옥수수 같은 먹을거리도 선원들은 처음 맛보았다. 하지만 타이노 족이 먹는 도마뱀이나 거미, 벌레 등은 먹지 않았다.

카사바 뿌리
타이노 족은 독이 든 카사바 뿌리를 갈아 물에 씻어 먹을 수 있게 만들었다. 말린 카사바로 빵을 만들기도 했다.

파인애플
파인애플은 선원들이 맛보자마자 좋아하게 된 것들 가운데 하나였다.

옥수수
옥수수는 통째로 불에 구워 먹거나 갈아서 죽을 끓여 먹었다.

고추
고추를 보고 콜럼버스는 인도에서 찾으려 했던 향료를 떠올렸다. 오늘날 고추와 후추를 비슷하게 여기는 것은 그 때문이다.

타이노 족의 문화

하늘에 사는 위대한 정령을 받들던 타이노 족은 콜럼버스 일행이 하늘에서 내려왔다고 생각했다. 그들은 제미라고 부르는 정령들이 지상에 가득하다고 믿었다. 자연의 힘은 물론, 조상들의 혼령도 그들에게는 모두 제미였다.

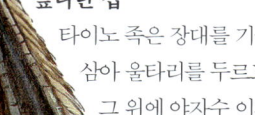

높다란 집
타이노 족은 장대를 기둥 삼아 울타리를 두르고, 그 위에 야자수 이파리로 엮은 높고 경사진 지붕을 올린 오두막에 살았다.

제미
집집마다 작은 조각품이나 도기 인형으로 된 제미를 모셨다. 사람들은 이 정령들이 집을 보호해 준다고 믿었다.

돌갈이 생긴 제미도 있었고, 그 자체로 아름다운 조각품인 제미도 있었다.

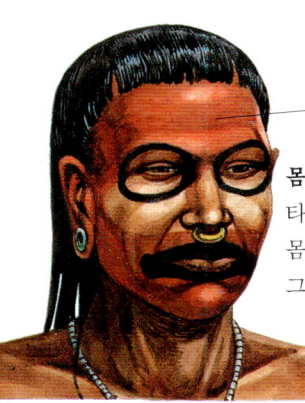

그들은 이마에 판을 매달아 아기처럼 납작하게 만들었다.

몸 장식
타이노 족은 옷을 입는 대신 몸에 여러 가지 색깔의 무늬를 그렸다. 코와 귀를 뚫고 금이나 보석을 끼우기도 했다.

타이노 족은 단단한 금속이 없어서 물고기의 이빨로 화살촉과 창촉을 만들었다.

일본은 어디 있는가?
타이노 족은 지팡구나 중국의 대칸에 대해서는 전혀 알지 못했다.

에스파냐 선원들은 따뜻한 환대를 받았다. 그들은 타이노 족에게 양모 모자와 유리구슬을 주었다.

인도에 살지 않는 인도인
콜럼버스는 인도에 왔다고 믿었기 때문에 당연히 섬에 사는 원주민들이 인도인이라고 믿었다. 실제로 그들은 유럽 사람도, 아프리카 사람도 아니었다. 콜럼버스는 그들이 아시아 인이라고 생각했다. 콜럼버스의 이러한 착각으로, 오늘날까지 북아메리카 원주민은 '인디언(인도인)'으로 불리고 있다.

짖지 않는 개들
타이노 족은 개를 길러 잡아먹었다. 에스파냐 선원들은 타이노 족의 개들이 짖지 않아 놀랐다.

사냥마 다리에 다는 방울

놋쇠와 맞바꾼 황금
콜럼버스가 가져온 물건 중에 놋쇠로 만든 방울이 가장 인기가 많았다. 타이노 족은 금으로 된 코걸이와 그 방울을 바꿔 귀고리로 썼다. 콜럼버스는 타이노 족에게 금이 얼마 없는 데다 코걸이나 귀고리 등의 두께가 얄팍한 것을 알고 실망했다.

카누는 나무줄기 하나를 골라 만들었다.

타이노 족의 카누
콜럼버스는 섬마다 에스파냐 식의 이름을 붙였다. 그가 섬에 상륙했다는 소식이 퍼지자 타이노 족은 카누를 타고 '하늘에서 내려온 사람들'을 구경하러 왔다. 그들은 화려한 빛깔의 앵무새와 면화, 활과 화살 등을 가져왔다.

출발 준비

암초에 부딪히다

분노한 콜럼버스
11월 21일, 함대가 쿠바 해안을 따라 남쪽으로 항해하던 중 핀타 호가 갑자기 동쪽으로 멀어져 가기 시작했다. 마르틴 핀손이 콜럼버스의 명령을 듣지 않고 자기 멋대로 탐험하기로 결정한 것이다. 콜럼버스는 핀손이 가장 빠른 배를 가져갔다는 데 더욱 화가 났다.

길잡이들은 콜럼버스에게 남쪽으로 가면 쿠바라는 큰 섬이 있다고 말했다. 쿠바를 일본으로 여긴 콜럼버스는 뱃머리를 곧장 그 섬으로 돌렸다. 그러나 도착해 보니 황금 궁전은 어디에도 없었다.
쿠바에서 만난 타이노 족은 동쪽에 있는 아이티라는 섬에 가면 금이 많다고 말해 주었다.
1492년 12월 6일, 콜럼버스는 아이티에 도착했다. 섬은 너무나 아름다웠고 그 곳에 사는 타이노 족 원주민들은 금으로 만든 장신구를 많이 가지고 있었다. 콜럼버스는 그 섬에 에스파뇰라('에스파냐의 섬')라는 이름을 지어 주었는데, 나중에는 히스파니올라로 알려졌다.

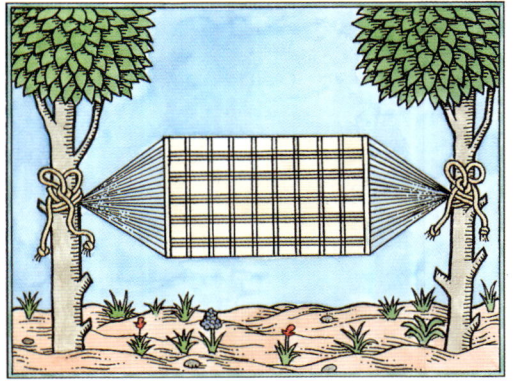

해먹
타이노 족은 무명실로 긴 그물을 짜서 집 기둥에 걸고 잠을 잤다. 이 침대를 아마카라고 불렀다. 나중에 유럽의 선원들도 배에서 그런 침대를 만들어 썼는데, 이름을 해먹이라고 불렀다.

암초에 부딪혔다!
1492년 크리스마스 전날, 산타마리아 호는 히스파니올라 근처 바다에서 암초에 부딪혔다. 배를 움직여 보려 애썼지만 모두 허사였다. 배에 난 구멍으로 물이 들어오기 시작하자 콜럼버스는 배를 버리라고 명령했다.

연기를 마시는 사람들
쿠바의 타이노 족은 둥글게 만 이파리를 태워 그 연기를 마셨다. 담배를 피운 것이다. 또 토바코라는 나무 관을 통해 콧구멍으로 연기를 들이마셨다.

담뱃잎을 말아 시가를 만들었다.

쓸 만한 물건들은 모두 배에서 내렸다.

인디언들의 도움
콜럼버스는 타이노 족이 자신과 불행을 함께 나누고 많이 도와줬다고 기록했다.

화물 구조
이튿날 선원들은 배로 돌아가 싣고 있던 짐을 가능한 한 많이 꺼냈다. 이렇게 구한 짐과 무역품 등을 산타마리아 호와 니냐 호 보트에 옮겨 실었다.

> 제독은 배를 잃었다는 슬픔에서 헤어났다. 대신 그는 신께서 배를 난파시켜 자신이 그 곳에 머물러야 한다는 계시를 내리셨다고 생각하기로 했다.
>
> 페르디난도 콜럼버스
> (『제독의 생애』, 1530년대)

카리브 해를 누비며

콜럼버스는 쿠바의 북쪽 해안을 따라 탐험하면서 그 곳이 아시아 대륙의 일부라고 믿었다. 그 뒤에 그는 히스파니올라(아이티)로 건너갔다. 그 곳에 먼저 가 있던 마르틴 핀손은 자신의 이름을 따서 강 이름을 마르틴 알론소 강이라고 불렀다.

핀손이 함대에서 벗어난 뒤에 산타마리아 호마저 부서지자 콜럼버스에게 남은 배는 니냐 호 한 척뿐이었다. 니냐 호만으로는 탐험을 이어가기가 어려웠다.

선원들은 부서진 산타마리아 호의 목재를 가져다 요새를 지었다.

나무 울타리로 요새를 둘렀다.

산타마리아 호는 가라앉지 않고 암초 위에 올라앉았다.

많은 타이노 족 원주민들이 카누를 가지고 와서 배에 실려 있던 짐을 옮겨 주었다.

요새 건설

니냐 호는 너무 작아서 선원 모두가 타고 돌아갈 수 없었다. 다행히 선원 39명이 히스파니올라에 남겠다고 나섰다. 콜럼버스는 이들을 위해 요새를 세웠다. 아메리카에 맨 먼저 생긴 이 유럽 인 거주지는 1492년 크리스마스에 공사가 시작되었다고 해서 나비다드('크리스마스'의 에스파냐 어)라고 불렀다. 콜럼버스는 몇 달 뒤에 보급품을 가지고 돌아오겠노라 약속했다. 남은 선원들은 히스파니올라의 금으로 부자가 될 수 있다는 꿈에 부풀어 있었다.

타이노 족은 산타마리아 호에서 대포가 터지는 소리를 듣고 잔뜩 겁을 먹었다.

돌아가야 할 때

콜럼버스는 부서진 산타마리아 호를 보며 이제 에스파냐로 돌아가야 할 때가 되었다고 생각했다. 하루 빨리 돌아가 페르난도 왕과 이사벨 여왕에게 자신이 발견한 땅에 대해 보고해야 했다. 마르틴 핀손이 자신이 이룬 업적을 훔쳐 먼저 돌아가기라도 하면 큰일이었다.

힘 자랑

타이노 족은 자신들의 섬에 자주 침략해서 사람을 잡아먹는 사나운 카리브 족에 대해 들려주었다. 콜럼버스는 나비다드에 남을 선원들이 그들을 보호해 줄 것이라 약속했다. 타이노 족을 안심시키기 위해 그는 환송식에서 대포를 쏘아 보였다. 1493년 1월 4일, 니냐 호는 에스파냐로 떠났다.

출발 준비

영웅이 되어 돌아오다

> 왕과 여왕은 신하들에게 둘러싸인 채 황금 휘장 아래 화려한 옥좌에 앉아서 콜럼버스를 기다리고 있었다. 콜럼버스가 그들의 손에 입을 맞추자, 두 사람은 마치 위대한 영주를 맞듯이 일어나 그를 맞아 자신들 옆자리에 앉혔다.
>
> 페르디난도 콜럼버스
> (『제독의 생애』, 1530년대)

1493년 3월 15일, 대서양의 거친 물살을 헤치고 콜럼버스는 무사히 에스파냐 팔로스에 도착했다. 한걸음에 바르셀로나로 달려간 콜럼버스는 페르난도 왕과 이사벨 여왕에게 성대한 환영을 받았다. 반면 배신자 마르틴 핀손의 귀국은 쓸쓸했다. 핀타 호를 타고 콜럼버스보다 먼저 에스파냐에 돌아왔지만 왕과 여왕은 콜럼버스 없이는 핀손을 만나지 않겠다고 했다. 별수 없이 팔로스에 있는 집으로 돌아간 핀손은 절망감에 휩싸인 채 끝내 죽음을 맞고 말았다.

왕실의 환영

왕과 여왕은 궁전에 있는 커다란 접견실에서 콜럼버스를 맞았다. 콜럼버스가 데려온 타이노 족과 화려한 빛깔을 뽐내는 앵무새들을 보고 두 사람은 눈이 휘둥그레졌다. 콜럼버스는 히스파니올라로 돌아가서 에스파냐 정착촌을 세우고 싶다고 말했다.

통 속에 든 편지

돌아가는 길에 파도가 거세지자 콜럼버스는 니냐 호가 가라앉을지도 모른다고 생각했다. 자기가 죽으면 배신한 마르틴 핀손이 자신의 명예를 가로챌 것이고 히스파니올라에 남은 선원들은 버려질 것이다. 걱정스런 마음에 콜럼버스는 탐험 이야기를 적은 편지를 통에 넣어 바다에 던졌다.

돌아온 영웅

콜럼버스가 굉장한 성과를 올렸다는 소식은 그보다 먼저 바르셀로나에 전해졌다. 1493년 4월, 콜럼버스가 도착하자 흥분한 사람들은 거리로 몰려나와 인도 항로를 발견한 사나이를 우러러보았다. 콜럼버스는 순식간에 영웅이 되었다.

콜럼버스의 업적을 기리기 위해 바르셀로나 항구에 세워진 동상

화려한 빛깔의 앵무새는 콜럼버스가 인도를 발견했다는 또다른 증거였다.

타이노 족은 콜럼버스가 가르친 대로 성모 마리아를 찬양하며 '아베 마리아' 하고 기도했다.

타이노 족은 궁정 모습을 보고 크게 놀랐다.

콜럼버스는 기나긴 탐험에서 얻은 금과 고추 등의 기념품을 보여주었다.

'대양의 제독'

페르난도 왕과 이사벨 여왕은 콜럼버스에게 많은 돈과 높은 관직을 내려 치하했다. 약속대로 콜럼버스를 귀족으로 만들어 준 것이다. '대양의 제독이자 섬들의 총독'이라는 신분을 얻은 콜럼버스는 왕을 대신해 히스파니올라를 다스리고, 거기서 나오는 재산의 일부를 차지할 수 있는 권리를 갖게 되었다.

문장
귀족이 된 콜럼버스는 자신을 나타내는 문장을 만들었다. 그는 사자와 에스파냐의 성, 그리고 자신이 찾아 낸 섬들을 합쳐 문장을 구성했다. 또 '대양의 제독'이라는 신분을 나타내기 위해 다섯 개의 황금 닻을 그려 넣었다.

콜럼버스의 서명
항해 이후 콜럼버스는 뜻 모를 문자들로 서명을 했다. 위의 마지막 줄은 그리스 어와 라틴 어로 '그리스도의 심부름꾼'이라는 뜻이다.

아름답고 부유한 히스파니올라
콜럼버스는 히스파니올라가 얼마나 아름다운지 설명했다. 그는 가져온 타이노 족의 금을 왕과 여왕에게 보여주며, 이것은 그 섬에 있는 어마어마한 부의 일부일 뿐이라고 말했다.

새로운 항해를 허락하다
페르난도 왕은 더 큰 함대를 이끌고 히스파니올라로 돌아가겠다는 콜럼버스의 계획을 그 자리에서 허락했다.

이사벨 여왕은 특히 온순한 타이노 족에게 깊은 인상을 받았다

쏟아지는 질문
왕과 여왕을 비롯해 궁정에 모인 신하들은 여덟 달에 걸쳐 콜럼버스의 귀환에 대해 수많은 질문을 던졌다.

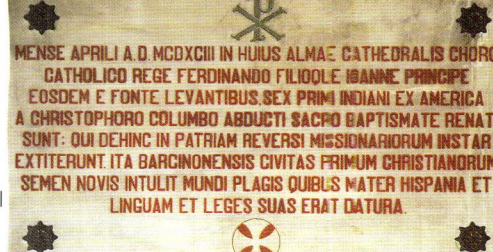

세례 받는 인디언들
바르셀로나 대성당에는 에스파냐에 와서 세례를 받은 타이노 족을 기념하는 액자가 있다. 왕과 여왕은 기꺼이 대부모가 되어 주었으며, 그들에게 에스파냐 식의 기독교 이름을 내렸다. 이사벨 여왕은 타이노 족들이 기독교인이 된 것을 무척 기뻐했다.

교황의 지원
콜럼버스는 카리브 해에 있는 여러 섬들이 에스파냐 소유라고 주장했다. 이를 합법화하기 위해 페르난도 왕과 이사벨 여왕은 교황 알렉산데르 6세에게 지원을 요청했고 교황은 선뜻 응했다. 타이노 족은 자신들도 모르는 사이에 에스파냐 사람이 되었다.

> 히스파니올라는 놀라운 곳이다. 산과 언덕, 평원과 초원이 모두 기름지고 아름답다. 식물을 기우거나 가축을 기르기에 적합하며, 도시와 촌락도 어려움 없이 꾸릴 수 있다. 큰 강들도 많으며, 대부분 그 안에 황금이 들어 있다.
>
> 크리스토퍼 콜럼버스
> (1차 항해를 기록한 편지, 1493년 2월 15일)

에스파냐 정착촌

에스파냐로 돌아온 지 여섯 달이 지난 1493년 9월, 콜럼버스는 다시 히스파니올라로 떠났다. 배 17척에 1,200명의 사람들과 말, 양, 돼지, 곡식의 씨앗 등 인도에 에스파냐 정착촌을 세우는 데 필요한 모든 것을 실었다. 이번 항해에는 선원을 구하는 데 어려움이 전혀 없었다. 새로운 세계에 큰 기대를 건 수많은 에스파냐 사람들이 히스파니올라에서 한몫 잡아 보겠다는 생각으로 앞 다투어 항해에 자원했다. 가족과 성직자, 군인, 기술자, 노동자 등 다양한 신분을 가진 사람들이 모여들었다.

나비다드
1493년에 만들어진 이 목판화는 1차 항해를 떠났던 콜럼버스의 선원들이 히스파니올라에 나비다드 요새를 짓는 모습을 담고 있다. 콜럼버스는 이 요새 주변에 새로운 정착촌을 세우고자 했다.

에스파냐 정착촌

돌아온 콜럼버스

1493년 11월 27일, 콜럼버스는 1차 항해 때 남겨 놓은 선원 39명이 있는 나비다드에 도착했다.
그는 그들을 다시 만날 희망에 부풀었다.

그 동안 모두 금을 많이 모아 두었으리라 굳게 믿었다. 그러나 놀랍게도 선원들은 모두 죽었고, 요새도 파괴되어 있었다. 타이노 족은 자기들이 저지른 짓이 아니라고 했지만, 콜럼버스는 아무도 믿지 못했다. 그는 새로 정착촌을 세우기 위해 동쪽으로 뱃머리를 돌렸다.

엄청난 규모의 함대
콜럼버스가 이끄는 함대는 페르난도 왕과 이사벨 여왕의 배웅 속에 에스파냐를 떠났다. 1차 항해에서 콜럼버스가 끌고 온 배 세 척에도 크게 놀랐던 타이노 족은 17척의 함선을 보고 얼마나 놀랐겠는가.

나비다드의 운명
타이노 족은 콜럼버스에게 나비다드에 남은 선원들이 자기들끼리 서로 갈려 싸웠다고 말했다. 몇몇은 그 싸움에서 죽었고 몇몇은 병에 걸려 죽었다. 그러나 대부분은 카오나보라는 힘센 추장이 요새를 공격하고 불을 질러서 죽었다고 전했다.

식인종이 사는 섬
히스파니올라로 가는 길에 콜럼버스는 카리브 족이 사는 섬에 들렀다. 이 부족의 이름에서 카리브 해와 식인종을 뜻하는 카니발이라는 말이 나왔다. 그들이 정말 사람을 잡아먹었는지는 지금도 역사가들마다 의견이 다르지만, 콜럼버스는 그들의 집에서 조리 기구 속에 들어 있는 사람의 팔다리와 타이노 족 포로를 기르는 모습을 보았다.

2차 항해

이주민들이 히스파니올라에 익숙해지려 애쓰는 동안, 콜럼버스는 1494년 4월에 니냐 호를 타고 다시 탐험을 시작했다. 쿠바 남동쪽을 따라 자메이카까지 내려가면서도 콜럼버스는 여전히 그 곳이 아시아 대륙이라고 믿었다. 하지만 보물이 가득한 아시아의 자취는 보이지 않았다. 9월에 열병까지 걸려 잠시 시력마저 잃게 된 콜럼버스는 풀이 죽어 히스파니올라로 돌아왔다.

추장 카오나보는 한밤중에 나비다드를 기습했다.

주요 건물은 돌로 지었지만, 에스파냐 사람들은 주로 작은 초가집에서 지냈다.

1483년 11월 27일 나비다드의 소식을 접하다

1494년 1월 2일 이사벨라 마을을 세우다

쿠바
자메이카
히스파니올라
푸에르토리코

1494년 4~9월 쿠바와 자메이카를 탐험하다

1494년 9월 25일 심한 병에 걸려 히스파니올라로 돌아가다

1493년 11월 14일 카리브 족과 처음 만나다

바다를 건너 오간 질병

불행히도 에스파냐 사람들과 타이노 족은 서로에게 낯선 질병을 주고받았다. 에스파냐 사람들은 열대 질병과 매독에 걸리게 되었고, 타이노 족은 유럽에서 건너온 천연두와 홍역을 앓게 되었다.

천연두 바이러스
천연두 바이러스는 콜럼버스의 배를 타고 히스파니올라로 건너왔다. 유럽에서 천연두는 수많은 어린이들을 죽였지만 어른들은 대부분 면역체를 가지고 있었다. 그러나 타이노 족에게는 치명적이었다.

도기
도착한 지 일 주일 만에 에스파냐 이주민 400명이 알 수 없는 질병에 걸렸는데, 모두 모기에 둘린 탓으로 보인다. 이사벨라 마을에는 모기가 너무 많아 콜럼버스는 '모기의 제독'이라는 별명이 붙기도 했다.

암컷 모기는 피를 빨 때 열대 질병을 옮겼다.

홍학
콜럼버스는 쿠바 연안의 작은 섬들을 탐험하면서 밝은 색깔의 새들을 보았다. 멀리서 보면 꼭 분홍색 양 떼 같은 이 새들을 홍학, 즉 플라밍고라고 불렀다. 플라밍고는 화염을 뜻하는 에스파냐 어 '플라멩코'에서 나온 말이었다.

이사벨라 마을
콜럼버스는 여왕의 이름을 따서 새로운 정착촌을 '이사벨라'라고 불렀다. 그는 마을 가까이 금광이 있다고 믿었지만 착각이었다. 이사벨라 마을은 더럽고 모기가 들끓는 곳이었다. 결국 1500년, 사람들은 이사벨라 마을을 버리고 떠났다.

아메리카 최초의 교회
이사벨라 마을에는 아메리카 최초의 교회가 세워졌다. 히스파니올라의 타이노 족은 그 교회에서 들려오는 종소리를 무척 좋아했다.

타이노 족 추장
히스파니올라에 있는 몇몇 왕국은 저마다 왕이나 추장이 다스렸다. 추장은 사람들의 존경을 받았고 가마를 타고 다녔다. 콜럼버스는 히스파니올라를 다스리기 위해 추장들을 자기 편으로 만들거나 싸워서 이겨야 했다.

콜럼버스는 에스파냐의 여느 도시처럼 이사벨라 마을 주변에 광장을 지을 생각이었다.

타이노 족 길잡이가 에스파냐 탐험대를 섬 안쪽으로 안내했다.

안으로, 안으로!
콜럼버스는 금을 찾는 데 필사적으로 매달렸다. 페르난도 왕과 이사벨 여왕에게 금을 보내면 정착촌을 잃은 것도 정당화될 수 있었다. 1494년 1월, 그는 구장한 병사들을 섬 안쪽으로 보내 금을 찾게 했다. 알론소 데 오헤다라는 이름을 가진 용감한 군인이 앞장섰다.

놀라운 사실

- 1494년까지 이사벨라 마을에 사는 에스파냐 이주민 중 3분의 2가 죽었다.

- 1492년 아메리카 원주민은 약 1억 명이었다. 그러나 유럽에서 들어온 질병은 1600년까지 그 중 9천만 명을 죽이는 역사상 가장 끔찍한 참사를 불러왔다.

- 한 에스파냐 인은 "인디언들은 우리의 모습과 냄새만으로도 죽을 만큼 약하다."고 적었다.

- 약한 매독은 유럽에도 있었지만 아메리카에서 건너 온 매독은 훨씬 지독했다. 1494년 이탈리아에서 맨 처음 매독이 크게 번졌다.

히스파니올라의 정복

1494년 9월, 히스파니올라로 돌아간 콜럼버스는 다섯 달 동안이나 앓았다. 그 사이 정착촌은 형처럼 한몫 잡겠다는 꿈에 부풀어 바다를 건너온 콜럼버스의 동생 디에고와 바르톨로메가 다스렸다. 콜럼버스 삼형제는 외국인이어서 에스파냐 사람들에게 인기가 없었다. 에스파냐 이주민들은 콜럼버스가 히스파니올라에 온갖 귀한 것들이 넘친다는 거짓말을 했다고 여겼다. 콜럼버스가 앓아누운 틈을 타 불만에 휩싸인 에스파냐 사람들은 섬을 돌아다니며 타이노 족 마을을 약탈했다. 이제 타이노 족에게 에스파냐 사람들은 맞서 싸워야 할 적이었다.

놀라운 사실

- 1494년에서 1496년까지 히스파니올라에 살던 타이노 족 3분의 1이 죽었다.
- 타이노 족은 에스파냐 사람들 손에 죽거나 질병, 굶주림, 과로 등으로 수천 명이 죽었다. 몇몇 사람들은 카사바 독을 마시고 자살했다.
- 1492년에 히스파니올라에는 타이노 족 약 30만 명이 있었지만 1548년에는 500명을 밑돌았다.
- 1510년부터 에스파냐 사람들은 아프리카 노예들을 데려와 점점 줄어드는 타이노 족을 대신했다.

쉽게 이긴 싸움

병을 털고 일어난 콜럼버스는 힘센 타이노 족 추장들이 힘을 합쳐 수천 명의 병력을 결성했다는 사실을 알았다. 1495년 3월, 마침내 타이노 족과 싸우기 시작했다. 타이노 족보다 숫자는 적었지만 좋은 무기를 가진 200명의 에스파냐 병사들은 타이노 족을 쉽사리 전멸시켰다.

공포에 떨던 시대
타이노 족은 마을을 공격하는 에스파냐 사람들에게 맞섰다. 사람들의 사기를 떨어뜨리기 싫었던 콜럼버스는 사람들에게 벌을 내리기는커녕, 되레 타이노 족을 공격하게 했다. 타이노 족 수백 명이 죽거나 노예가 되었다.

천둥 막대
싸움이 시작되자 에스파냐 사람들은 타이노 족을 향해 총을 쏘았다. 타이노 족은 이 총이 천둥과 불길을 토해 내는 마법의 막대라고 여겼다.

타이노 족은 무장을 하고 말을 탄 에스파냐 병사를 보고 겁에 질렸다. 말을 처음 본 탓이다.

노예 수송

1495년, 콜럼버스는 약속했던 금 대신 타이노 족 노예 500명을 에스파냐로 보냈다. 하지만 왕과 여왕은 콜럼버스의 '선물'을 달가워하지 않았다. 그들은 콜럼버스에게 타이노 족을 노예로 삼지 말고 기독교인으로 만들라고 명령했다.

원주민들의 최후
콜럼버스가 사로잡아 에스파냐로 보낸 타이노 족 500명 가운데 200명은 가는 길에 죽었으며 나머지도 얼마 안 가 죽고 말았다.

무기와 무장

에스파냐 사람들은 오랫동안 이슬람교도와 맞서 싸운 노련한 병사들이었다. 검과 총으로 무장한 그들은 초라한 무기를 들고 맞서는 타이노 족을 전혀 두려워하지 않았다.

화승총
화승총은 불타는 끈이나 성냥으로 화약에 불을 붙여 쏘는 총이었다.

칼
양날은 베기에, 뾰족한 끝은 찌르기에 알맞았다.

가슴받이
타이노 족의 화살과 창은 쇠로 된 에스파냐의 가슴받이를 뚫지 못했다.

기병의 투구
타이노 족에게는 투구를 쓴 에스파냐 병사들의 모습이 마치 다른 세상에서 온 괴물로 보였다.

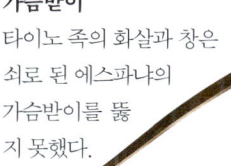

석궁
화살을 엄청난 힘으로 쏘아 올려 타이노 족에게 치명상을 입혔다.

타이노 족은 용감히 싸웠지만 물고기 뼈로 만든 창으로는 적에게 피해를 입히기 어려웠다.

전투용 개
에스파냐 쪽 개 한 마리가 인디언 10명을 달아나게 했다고 한다.

에스파냐 사람들에게 금을 바치는 인디언들

벌거벗은 타이노 족은 무시무시한 에스파냐 무기를 당해 낼 수 없었다.

금을 바쳐라!

무릎을 꿇은 타이노 족은 지배자들에게 금을 바치라는 명령을 받았다. 모든 주민은 석 달에 한 번씩 매 다리에 다는 방울을 채울 만큼의 사금을 바쳐야 했다. 하지만 히스파니올라에는 기대와 달리 금이 많지 않았다. 결국 타이노 족은 에스파냐 사람들의 욕심을 채우지 못했다.

흩어져 달아나는 타이노 족

에스파뇨로 돌아가는 콜럼버스

불만에 찬 이주민들은 에스파냐로 돌아가 왕과 여왕에게 콜럼버스에 대해 고자질했다. 결국 1496년 3월, 콜럼버스는 니냐 호를 타고 에스파냐로 불려갔다.

히스파니올라의 정복

콜럼버스는 섬 전체를 정복하고자 했다. 알론소 데 오헤다는 나비다드 요새를 불태운 카오나보 추장을 사로잡았다. 그는 수갑과 족쇄를 왕의 팔찌라고 속여 카오나보 추장이 스스로 차게 했다.

떠나기 전에 콜럼버스는 동생 바르톨로메를 총독으로 임명했다.

아메리카 대륙으로

> 나는 지금까지 감춰져 있던 새로운 하늘과 땅을 찾아 냈습니다. 나의 노력으로 이 땅은 이제 세상에 알려지게 되었습니다.
>
> 크리스토퍼 콜럼버스
> (이사벨 여왕의 친구인 후아나 데 라 토레에게 보낸 편지, 1500년)

1 1498년, 3차 항해에 나선 콜럼버스는 긴 해안을 따라가다 끝자락에서 커다란 강과 마주쳤다. 강에서 몇 길로부터 떨어진 곳의 바닷물은 강물과 뒤섞여 짠 맛이 나지 않았다. 섬에서는 이렇게 큰 강이 흘러나올 수 없었다. 드디어 콜럼버스는 대륙에 이르렀다는 것을 깨달았다. 이 대륙이 지금의 남아메리카이다.

대륙에서 조금 떨어진 곳에서 콜럼버스는 커다란 섬을 발견하고, 삼위(성부, 성자, 성령를 기리는 뜻에서 트리니다드라고 이름 지었다.

3차 항해를 묘사한 목판화, 16세기

콜럼버스가 이끄는 함대는 트리니다드 섬과 아메리카 대륙 사이를 항해했다.

아메리카 원주민들은 진주를 찾고 있었으며, 카누를 타고 바다로 나가 잠수를 해서 고기를 낚았다.

아메리카 대륙으로

또다른 세계

에스파냐의 페르난도 왕과 이사벨 여왕은 히스파니올라 사태를 잊지는 않았지만 콜럼버스를 여전히 믿고 있었다. 그래서 1498년 5월, 콜럼버스가 3차 탐험을 나서는 데 필요한 경비를 대 주었다. 콜럼버스는 마침내 대륙을 발견하고 크게 놀라 이 곳을 '또다른 세계'라 불렀다. 해안 일부를 탐험한 뒤에 콜럼버스는 히스파니올라로 돌아왔다. 그가 자리를 비운 사이, 섬은 엄청난 혼란에 빠져 있었다. 에스파냐 사람들의 절반가량이 콜럼버스의 동생 바르톨로메에게 반란을 일으켰던 것이다.

> " 나는 이 곳이 예전까지 알려지지 않았던 거대한 대륙이라고 믿게 되었다. 커다란 강과 민물로 가득 찬 바다로 미루어 볼 때 그렇게 생각할 수밖에 없다. 만약 이 곳이 대륙이라면 이는 엄청난 사건이다.
>
> 크리스토퍼 콜럼버스
> (3차 항해 일지, 1498년 8월 14~15일) "

엄청난 파도
트리니다드 섬 가까운 바다에서 콜럼버스의 배는 해저 화산 폭발로 생긴 듯한 파도를 만나 난파당할 뻔했다.

원숭이 관중
1498년 8월 5일, 콜럼버스는 대륙에 첫 발을 내디뎠다. 그 곳이 에스파냐의 영토라고 주장하기 위해 행사를 준비한 콜럼버스는 깩깩거리는 원숭이들만 보이자 행사를 미루었다. 이튿날이 되어서야 인디언들이 나타났다.

3차 항해

다시 병이 도지는 바람에 대륙 탐험을 중단하고, 히스파니올라로 돌아온 콜럼버스는 1498년 8월 31일, 섬의 새로운 수도인 산토도밍고로 갔다. 그의 동생 바르톨로메는 모기가 들끓는 이사벨라를 버리고 산토도밍고를 세웠다.

엥코미엔다
히스파니올라의 질서를 바로잡기 위해 콜럼버스는 새로운 제도를 만들었다. 에스파냐 이주민 각자에게 넓은 땅을 나눠 주고, 그 곳에 사는 모든 타이노 족의 노동력도 넘겨 주었다. 현지의 땅과 인디언들을 에스파냐 사람들에게 맡기는 이 제도는 나중에 엥코미엔다(위탁)라고 불렸다.

타이노 족은 에스파냐에 온 사람들을 섬기며 농사를 지어야 했다.

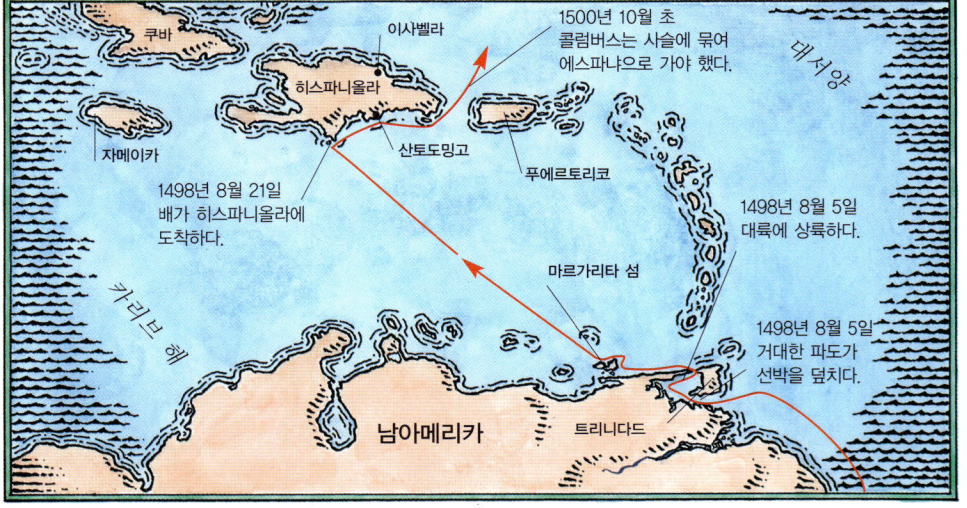

38

또 다른 세계

콜럼버스 형제들에게 반기를 든 에스파냐 사람들이 교수형을 당하고 있다.

보바디야
페르난도 왕과 이사벨 여왕은 히스파니올라가 혼란에 빠졌다는 보고를 받고 크게 놀랐다. 그들은 프란시스코 데 보바디야라는 에스파냐 귀족을 보내 질서를 바로잡게 했다. 1500년 8월 23일, 그는 디에고 콜럼버스가 다스리는 산토도밍고에 도착했다. 보바디야는 디에고가 이미 에스파냐 반란자 일곱 명을 교수형에 처한 것도 모자라 다섯 명을 더 죽이려 들자 경악했다.

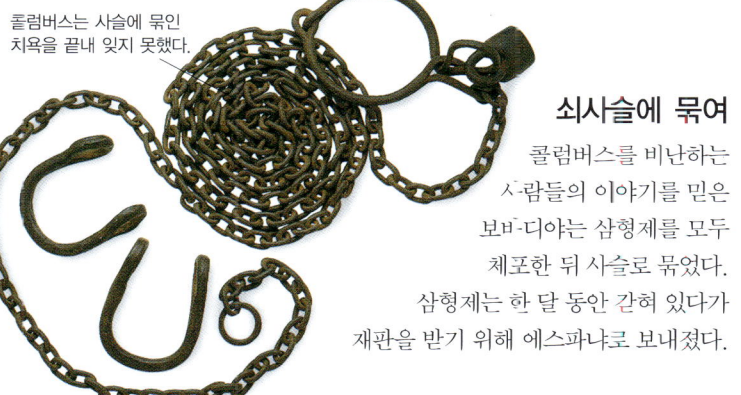
콜럼버스는 사슬에 묶인 치욕을 끝내 잊지 못했다.

쇠사슬에 묶여
콜럼버스를 비난하는 사람들의 이야기를 믿은 보바디야는 삼형제를 모두 체포한 뒤 사슬로 묶었다. 삼형제는 한 달 동안 갇혀 있다가 재판을 받기 위해 에스파냐로 보내졌다.

기막힌 생각

콜럼버스는 자신이 새로 발견한 대륙을 어떻게 자신의 서 계관에 끼워 맞춰야 할지 몰랐다. 새로운 대륙은 성서에도 나오지 않는 미지의 땅이었던 것이다. 결국 콜럼버스는 지구의 모습에 대해 몇 가지 기막힌 생각을 해 내기에 이른다.

서양 배 모양의 세계
콜럼버스는 별들이 다른 때보다 지구에 더 가까워졌다고 생각했다. 그는 자기가 위로 점점 올라가면서 하늘과 가까워지고 있다고 여겼다. 그래서 지구가 서양 배처럼 생겼다는 결론을 내렸다.

콜럼버스는 서양 배 모양의 지구에서 자신이 줄기 쪽으로 항해하고 있다고 생각했다.

천국의 발견?
창세기에서 말하는 지상 낙원은 성서에 나오는 지역들 가운데 유일하게 아무도 모르는 곳이었다. 콜럼버스는 그 지상 낙원이 새로 발견한 대륙에 있을 것이라 믿었다.

사슬에 묶인 채 돌아오는 콜럼버스를 본 사람들은 큰 충격을 받았다.

놀라운 사실

• 콜럼버스를 태우고 돌아가던 배의 선장은 그를 가엾게 여겨 사슬을 풀어 주겠다고 했다. 그러나 콜럼버스는 왕과 여왕이 석방 명령을 내릴 때까지 사슬을 차고 있겠다고 말했다.

• 콜럼버스는 석 달 이상이나 사슬에 묶여 지냈다. 왕과 여왕을 위해 애써 온 자신이 이런 어이없는 대우를 받는다는 것을 보여주고자 사슬을 벗지 않았다.

• 죽을 때까지 콜럼버스는 그 치욕을 잊지 않기 위해 잘 때도 사슬을 찼다. 자신이 죽으면 사슬로 묶은 채 묻어 달라고 부탁할 정도였다.

치욕
보바디야는 에스파냐 이주민들을 억누르고 왕과 여왕에게 글을 보내지 않았다는 죄를 들어 콜럼버스를 법정에 세우려 했다. 하지만 콜럼버스는 왕과 여왕의 배려로 곧 풀려났다. 풀려난 뒤에도 콜럼버스는 이 일을 결코 잊지 못했다.

아메리카 대륙으로

거친 카리브 해를 지나

> 그렇게 사나운 바다는 일찍이
> 본 적이 없었습니다.
> 하늘이 그렇듯 무시무시해
> 보인 적도 없었습니다.
> 번개와 바람에 돛대와 돛이
> 망가지지 않을까 걱정했습니다.
> 하늘에서는 비가 쉬지 않고
> 쏟아졌습니다. 선원들은
> 차라리 죽어서 이 고통이
> 끝나기를 바랐습니다.
>
> 크리스토퍼 콜럼버스
> (왕과 여왕에게 보낸 편지에서,
> 1503년 7월 7일)

왕과 여왕은 콜럼버스를 따뜻하게 맞아 주었지만 히스파니올라에서 분란을 일으킨 그에게 다시 총독 자리를 맡기지는 않았다. 콜럼버스는 왕과 여왕 앞에서 몇 달 동안 자신이 받은 대접에 대해 불평을 늘어놓았다. 콜럼버스가 자꾸만 성가시게 굴자, 왕과 여왕은 그가 다시 탐험 항해에 나서도록 허락해 주었다.

1502년, 콜럼버스는 네 척의 배로 카리브 해를 지나 인도로 가는 항로를 찾아 나섰다. 사납고 거친 파도에 시달린 끔찍한 항해였다.

인도 악어?
대륙에서 콜럼버스는 악어를 보고 인도 악어로 착각했다. 어느 책에선가 인도에 악어가 많다고 읽었던 콜럼버스는 악어를 좋은 징조로 여겼다.

마야 여인의 도기 인형

대륙의 마야 인
콜럼버스 일행은 아름다운 옷을 입은 인디언들이 탄 보트를 보았다. 중앙아메리카에 살던 마야 인이었다. 유럽 인들이 처음으로 대륙의 커다란 문명과 마주친 순간이었다.

허리케인의 공격
한여름의 카리브 해는 허리케인이라는 무시무시한 바람에 몹시 시달렸다. 콜럼버스는 하필 한 해 중 허리케인이 가장 강할 때에 카리브 해를 건너게 되었다. 배들은 무사했지만 히스파니올라에서 에스파냐로 돌아가는 선박 20척이 부서졌다. 사망자 500명 가운데 콜럼버스의 적인 보바디야도 있었다.

엄청난 피해
바람이 돛을 찢었다. 닻과 삭구, 밧줄은 물론이고 보트와 물품들도 모두 파도에 휩쓸려 갔다.

거친 카리브 해를 지나

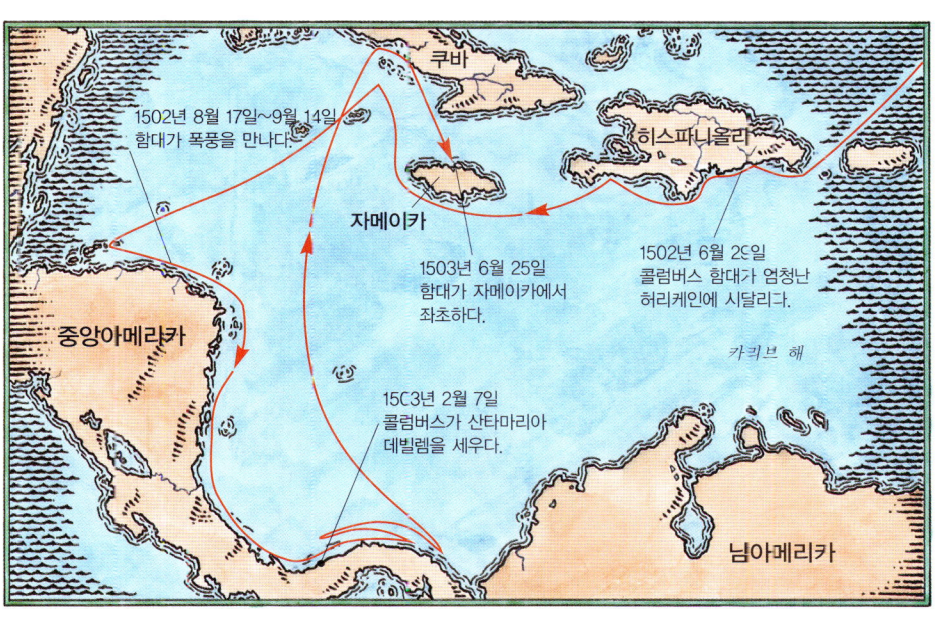

물기둥
12월 13일, 선원들은 회오리바람이 바닷물을 빨아 올려 세운 거대한 물기둥을 보고 겁에 질렸다. 콜럼버스는 함대를 보호하기 위해 한 손에 성서를 들고 다른 한 손으로 칼을 들어 허공에 십자가를 그렸다. 물기둥은 조용히 지나갔다.

콜럼버스는 가장 성능이 떨어지는 산티아고 호에 탄 동생 바르톨로메를 걱정했다.

4차 항해
콜럼버스는 중앙아메리카의 해안을 따라 항해했지만 인도로 가는 길은 찾지 못했다. 대륙에 산타마리아데벨렘이라는 정착촌을 세우려고 했지만 인디언의 공격을 받는 바람에 실패했다.

좀조개
카리브 해에는 나무를 파먹는 좀조개라는 연체동물이 있다. 벌레처럼 생긴 좀조개는 콜럼버스 함대에 자리를 잡고 나무로 된 선체를 마구 갉아먹었다. 그 바람에 배 곳곳에 구멍이 뚫려 바닷물이 스며들었다.

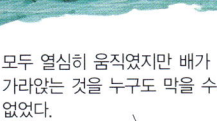

모두 열심히 움직였지만 배가 가라앉는 것을 누구도 막을 수 없었다.

항해에 따라나선 콜럼버스의 아들 페르디난도도 다른 선원들 못지않게 열심히 일했다.

배의 물을 퍼내라!
날이 갈수록 물은 배에 점점 더 많이 스며들었다. 끊임없이 비가 내렸고, 파도가 뱃전을 넘나들었다. 모두 좀조개가 갉아먹은 구멍 때문이었다. 선원들은 쉬지 않고 배에서 물을 퍼 냈지만 물은 좀처럼 빠지지 않았다.

바다 위의 생지옥

바다에서 몇 개월을 보내자 배는 물에 떠 있는 지옥이 되고 말았다. 선원들은 흠뻑 젖었고, 굶주림과 뱃멀미에 시달렸다. 또 벌레에 물려 열대 질병에 걸린 사람도 많았다.

이와 벼룩

선원들은 몸이 약해지자 씻는 것조차 귀찮아했다. 자연스레 그들의 몸에는 이와 벼룩이 들끓었다.

파리와 구더기
선원들은 설사로 고통을 겪었다. 파리가 그들의 배설물과 썩은 고기를 먹고 신선한 음식에 세균을 옮긴 탓이었다.

눅눅해진 비스킷

비스킷은 눅눅해지고 그 위로 구더기가 기어 다녔다. 보기에도 끔찍해서 어떤 사람들은 캄캄해진 뒤에야 먹을 정도였다.

쥐
기나긴 항해를 하는 동안 쥐는 성가시고 해로운 존재였다. 식품 창고에 살면서 배설물로 창고를 지저분하게 만들었다.

아메리카 대륙으로

발이 묶이다

> 발이 묶였습니다. 여러 가지 문제에 몸도 아프고, 잔인한 야만인들이 득시글거리는 가운데, 날마다 죽음을 기다리고 있습니다. 동정심과 진실한 마음, 정의감을 가지고 계시다면 절 불쌍히 여겨 주십시오!
>
> 크리스토퍼 콜럼버스
> (왕과 여왕에게 보낸 편지에서, 1503년 7월 7일)

벌레가 갉아먹은 배 두 척에 물이 너무 심하게 스며들어서, 콜럼버스는 끝내 그 배들을 버릴 수밖에 없었다. 그는 남아 있는 산티아고 호와 라카피타나 호만을 이끌고 북쪽의 히스파니올라로 향했다. 하지만 역풍과 해류에 휘말려 함대는 쿠바 연안까지 밀려갔다. 동쪽 히스파니올라로 가려 했지만 도저히 동쪽에서 불어 오는 바람을 뚫을 길이 없었다. 두 척의 배는 위험할 정도로 물에 잠겼고, 선원들은 끊임없이 물을 퍼 내다 지칠 대로 지쳤다. 할 수 없이 콜럼버스는 자메이카에 상륙해서 발이 묶인 채 1년여를 보냈다.

집이 된 배

1503년 6월 25일, 뭍으로 올라온 배는 그대로 집이 되었다. 콜럼버스는 자메이카 타이노 족이 공격해 올까 봐 마음이 놓이지 않았다. 그들을 자극하지 않기 위해 콜럼버스는 선원들을 배에 머물게 한 뒤에 몇몇만 섬 안으로 보내 식량을 바꿔 오게 했다. 몇 개월을 틀어박혀 지내자 선원들은 점점 기운을 잃어 갔다. 콜럼버스도 자기 선실에 앓아누웠다.

놀라운 사실

- 4차 항해에서 콜럼버스가 데려간 선원 143명 가운데 55명이 소년이었다. 소년이 어른보다 급료가 싸기 때문인 것 같다.
- 항해 도중 40여 명의 선원들이 죽었다. 대부분 병에 걸리거나 물에 빠져서, 또는 인디언이나 자기들끼리 싸우다 죽었다. 살아남은 사람들 가운데 에스파냐로 돌아온 사람은 25명뿐이었다. 항해에 신물이 난 나머지는 히스파니올라에 머물렀다.
- 디에고 멘데스는 자신이 벌인 구조 활동에 보람을 느껴 자신의 묘비에 카누를 새기게 했다.

선원들은 갑판에 나무로 오두막을 짓고 야자수 이파리로 지붕을 얹었다.

카누에는 돛이 붙어 있었다.

구조 요청

1503년 7월 17일, 콜럼버스의 충성스런 부하인 디에고 멘데스는 도움을 요청하러 히스파니올라로 출발했다. 그는 타이노 족 카누 두 척에 선원 7명과 인디언 10명을 데려갔다.

포라스의 반란

산티아고 호 선장인 프란시스코 데 포라스는 콜럼버스가 자메이카를 떠날 생각이 없으며 선원들도 죽을 때까지 모두 붙잡아 두려 한다는 소문을 퍼뜨렸다. 1504년 1월 2일, 그는 48명을 설득해서 폭동을 일으켰다. 폭도들은 타이노 족 카누 10척을 빼앗아 히스파니올라로 떠났다.

폭도들은 히스파니올라로 떠나기 전에 해변에 있던 타이노 족 마을을 털었다.

타이노 족은 월식 때문에 달이 핏빛으로 물들면서 사라지는 모습을 너무나 두려워했다.

교활한 꾀

타이노 족이 식량 공급을 중단하자 콜럼버스는 그들을 두려움에 빠뜨려 복종하게 만들고자 교활한 꾀를 냈다. 천문학 책을 읽고 2월 29일에 월식이 일어난다는 것을 알게 된 콜럼버스는 그 날 밤 신에게 달빛을 꺼 달라고 부탁해 타이노 족을 응징하겠다고 말했다. 깜짝 놀란 타이노 족은 다시 식량을 가져다 주었다.

치열한 싸움

폭도들은 카누를 타고 세 차례나 히스파니올라로 가려다 실패했다. 포라스는 콜럼버스가 마법을 써서 자기들을 자메이카에 묶어 두고 있다고 비난했다. 5월 19일, 폭도들은 배로 돌아가 싸움을 벌였다. 바르톨로메는 무장한 병사 50명을 거느리고 치열하게 싸웠다. 승리는 바르톨로메에게 돌아갔다. 포라스는 사로잡혔고 폭도들은 항복했다.

화약이 거의 남지 않았기 때문에 주로 칼을 가지고 싸웠다.

콜럼버스의 병사들은 폭도들보다 더 튼튼했고 영양 상태도 좋았다.

자메이카에 1년하고도 닷새를 더 머물렀던 선원들은 멘데스의 배를 보고 크게 기뻐했다.

기다리고 기다리던 구조선

디에고 멘데스는 1503년 8월에 히스파니올라에 도착했지만 그 뒤로도 몇 개월이 지나서야 콜럼버스에게 보급품을 실은 배를 보낼 수 있었다. 구조선은 멘데스가 카누를 타고 떠난 지 거의 1년 만인 1504년 6월 말에 도착했다. 자메이카에서 죽을 줄로만 알았던 콜럼버스는 멘데스에게 오늘이 자기 생애에서 가장 기쁜 날이라고 말했다.

좌절 속의 죽음

1504년 11월, 콜럼버스는 에스파냐로 돌아왔다. 이제 그는 오랜 항해로 건강이 나빠져 있었고 나이도 많았다. 죽음을 앞두고 몇 달 동안, 콜럼버스는 자신의 권리를 되찾기 위해 애썼지만 헛된 일이었다. 1506년 5월 20일, 콜럼버스는 조용히 눈을 감았다. 그의 탐험은 세계 역사를 바꿔 놓았다. 그러나 죽을 때까지 콜럼버스는 자신이 아시아에 간 것이 아니라는 사실을 알지 못했다.

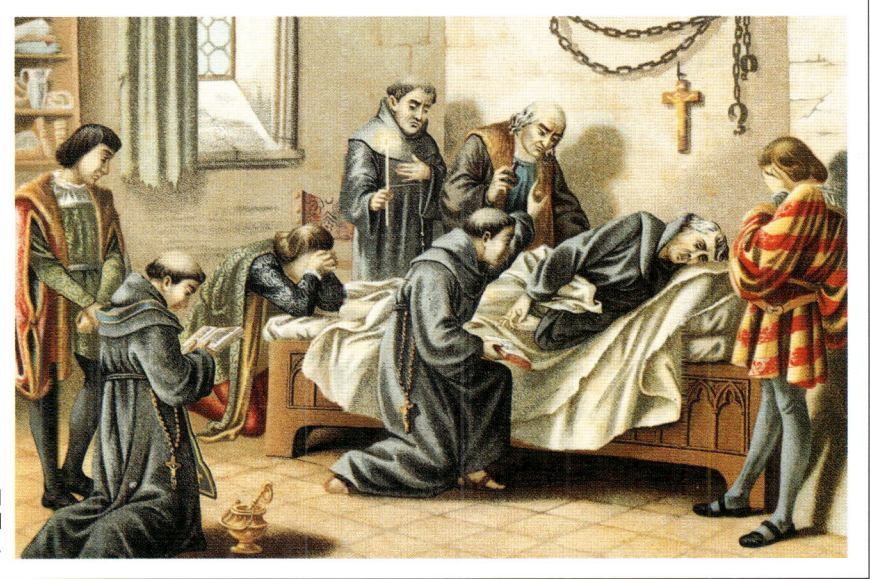

아들들이 지켜보는 가운데 수도사들이 죽은 콜럼버스를 위해 기도를 해 주고 있다.

탐험을 위한 항해

콜럼버스의 항해에 자극을 받은 많은 탐험가들이 1490년대 후반까지 대서양을 가로질렀다. 처음에는 그들 모두 콜럼버스처럼 인도에 가고 싶어 길을 나섰다. 그러나 점차 대서양 너머에 있는 육지가 아시아와 아무런 관계가 없다는 사실을 알게 되었다. 그들은 그 때까지 유럽 인들이 알지 못했던 두 개의 대륙을 발견했다. 바로 북아메리카와 남아메리카였다.

항해가 존 캐벗

콜럼버스처럼 제노바에서 태어난 그는 1497년 잉글랜드 왕 헨리 7세의 뒷받침으로 인도를 찾아 서쪽으로 항해했다. 캐벗은 북아메리카를 중국으로 알았다. 1498년에 다시 항해를 나섰지만 그 뒤로 소식이 끊겼다.

1497년 5월 20일, 잉글랜드 브리스틀을 떠나는 캐벗

베스푸치와 '신세계'

1499년과 1501년에 대륙을 항해한 뒤, 그 대륙이 인도가 아님을 알게 된 아메리고 베스푸치는 그곳을 '신세계'라 부르며 자신이 발견했다고 주장했다. 독일의 한 지도 제작자가 그를 기념하여 대륙의 이름을 '아메리카'라고 지었다.

어마어마한 대륙

유럽 인들은 어마어마한 땅덩이가 보물로 가득 찬 인도로 가는 항로를 가로막고 있다는 사실에 깜짝 놀랐다. 그러나 발보아가 대륙에서 가장 좁은 곳(파나마)을 통해 아메리카를 걸어서 횡단하자 사람들은 좁은 대륙을 지나 바닷길로 조금만 더 가면 인도가 나올 것이라 믿었다. 하지만 마젤란이 태평양을 횡단하면서 그 이론도 깨졌다.

태평양을 본 발보아

1513년에 바스코 누녜스 데 발보아는 아메리카 대륙을 걸어서 횡단하여 가장 먼저 태평양을 본 유럽 인이 되었다. 그는 갑옷을 입고 칼을 휘두르며 바다 속으로 걸어 들어가 바다와 섬이 모두 에스파냐의 것이라 주장했다. 하지만 발보아는 태평양이 지표면의 3분의 1을 뒤덮은 가장 넓은 바다라는 사실은 알지 못했다.

세계일주를 한 마젤란

1519년, 마젤란은 에스파냐 함대를 이끌고 아메리카 끝에서 태평양으로 가는 해협을 찾았다. 그리고 태평양이 얼마나 큰 바다인지 알게 되었다. 그는 넉 달 동안 배로 필리핀에 갔다가 그 곳에서 생을 마쳤다. 마젤란이 이끈 비토리아 호는 가장 먼저 세계 일주를 한 배가 되었다.

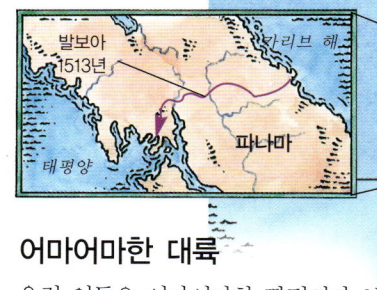

항해술의 발달

콜럼버스는 오로지 나침반에 기대어 항해했다. 그는 사분의를 이용해서 별을 보고 위도를 알아 냈다. 그 뒤에 유럽의 많은 선박들이 바다로 나오게 되면서 더 새롭고 더 나은 항해 도구들이 개발되었다.

사분의 (1450년대에 바다에서 처음 쓰였다.)
이쪽 면을 북극성에 고정시킨다.
이 눈금으로 각도를 읽는다.
추선

직각기 (1500년대 초에 발명되었다.)
이쪽 끝을 별이나 태양에 고정시킨다.
눈금
이쪽 끝을 수평선에 맞춘다.

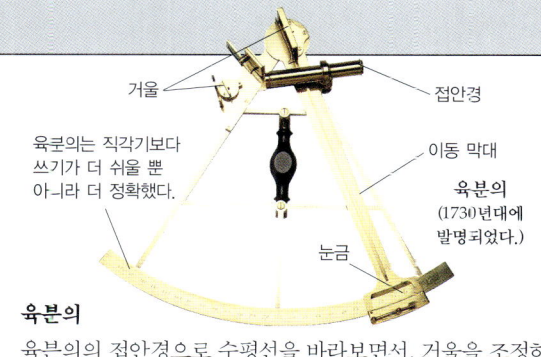

거울
접안경
이동 막대
눈금

육분의는 직각기보다 쓰기가 더 쉬울 뿐 아니라 더 정확했다.

육분의 (1730년대에 발명되었다.)

사분의
사분의는 사분원에 추선이 달린 도구였다. 사분의의 한쪽 면을 북극성에 고정시킨 다음, 추선의 각도로 별들의 높이를 재서 선박의 위도를 알아냈다. 그러나 흔들리는 갑판 위에서는 쓰기 어려웠다.

직각기
직각기는 사분의보다 쓰기 편리했다. 막대를 뺨에 대고 가로대를 움직여 수평선 위에 있는 별이나 태양의 고도를 파악한 다음, 직각기 표면에 새겨진 눈금으로 위도를 읽는 방식이었다.

육분의
육분의의 접안경으로 수평선을 바라보면서, 거울을 조정하여 태양이나 별이 접안경 앞에 달린 반투명한 거울에 반사되게 했다. 그 다음 이동 막대를 고정시키고 막대의 각도를 눈금으로 읽으면 위도를 알 수 있었다.

크로노미터 (1760년대에 발명되었다.)

크로노미터
배 위에서 태양의 고도를 보고 파악한 현지의 시각과 크로노미터에 표시된 출발지의 시각을 비교했다. 이 차이를 통해 선박의 경도를 알아 냈다. 크로노미터는 오랜 항해에도 정확함을 유지하는 해상 시계였다.

세계의 실제 크기

마젤란의 항해는 콜럼버스가 갖고 있던 지리학 지식이 틀렸음을 보여주었다. 세계는 콜럼버스의 생각보다 훨씬 컸으며, 인도로 가는 지름길이란 아예 없었다. 아메리카 대륙과 태평양이 유럽과 인도 사이를 가로막고 있었던 것이다.

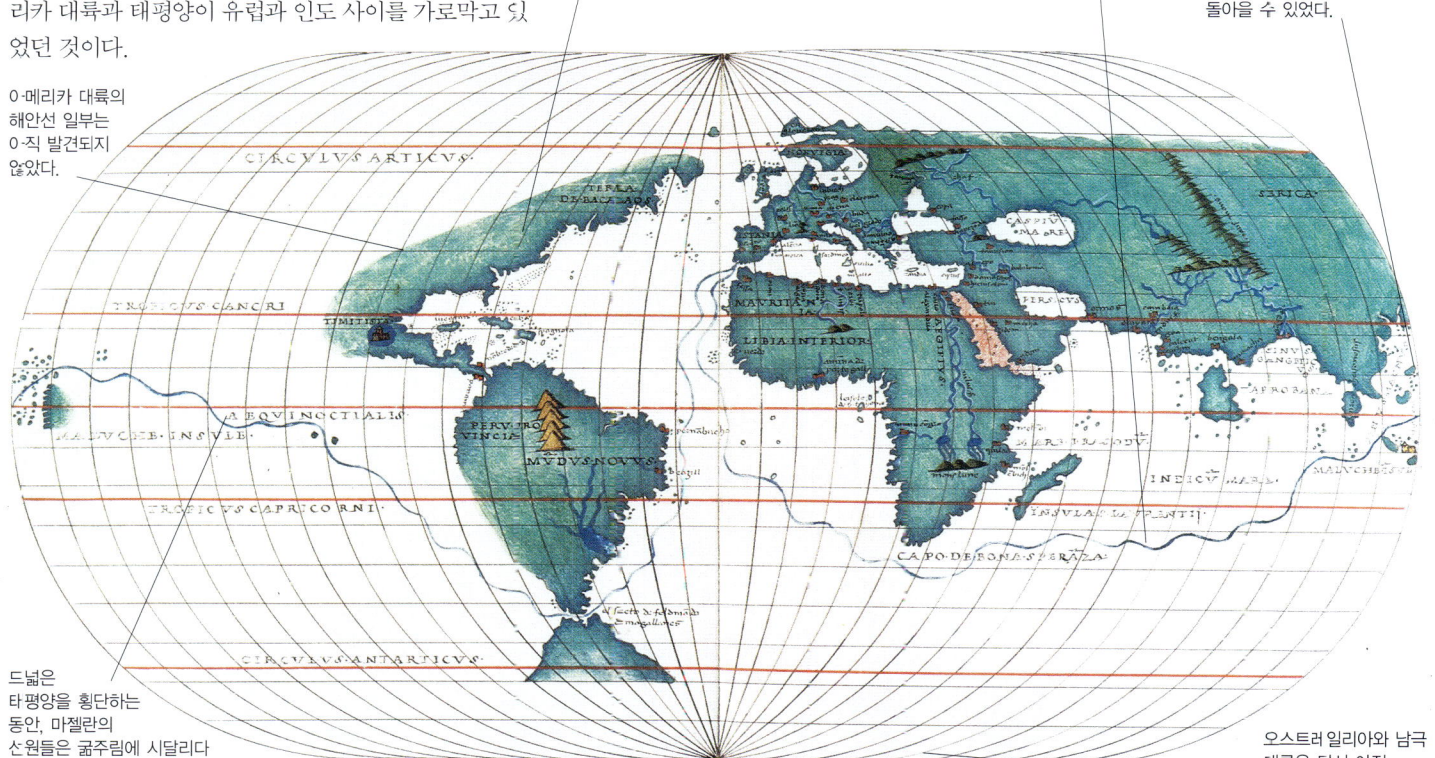

아메리카 대륙의 해안선 일부는 아직 발견되지 않았다.

이 지도를 고작 60년 전에 만든 6~7쪽의 지도와 비교해 보자. 이 지도가 오늘날 사용하는 세계 지도에 훨씬 가깝다는 것을 한눈에도 알 수 있다.

마젤란이 이끈 비토리아 호가 1519~22년에 걸쳐 인류 최초의 세계 일주를 할 때 지나간 항로이다.

필리핀에 도착한 마젤란은 그 곳에서 일어난 전쟁에 휘말려 1524년 4월 27일, 전쟁에서 죽고 말았다. 출발할 때 떠난 270명 가운데 겨우 17명만이 비토리아 호를 타고 에스파냐로 돌아올 수 있었다.

드넓은 태평양을 횡단하는 동안, 마젤란의 선원들은 굶주림에 시달리다 쥐와 톱밥, 가죽까지 먹어 치웠다.

1550년경의 세계 지도

오스트레일리아와 남극 대륙은 당시 아직 발견되지 않았다.

파괴를 부른 정복자들

에스파냐는 아시아로 가는 지름길은 찾지 못했다. 하지만 콜럼버스의 뒤를 따라 아메리카 대륙으로 건너 온 에스파냐 사람들은 히스파니올라의 타이노 족보다 훨씬 놀라운 아스텍 문명을 찾아 냈다. 하지만 이 뛰어난 문명은 16세기에 아메리카 대륙을 찾은 에스파냐 정복자들에게 모조리 파괴되었다.

아스텍 제국의 멸망
1519년에 에르난 코르테스는 에스파냐 군대를 이끌고 멕시코로 갔다. 아스텍을 다스리던 몬테수마 2세는 코르테스를 신으로 여기고 반갑게 맞았다. 하지만 2년 뒤에 에스파냐 사람들은 아스텍의 수도인 테노치티틀란을 무너뜨리고 제국을 짓밟았다.

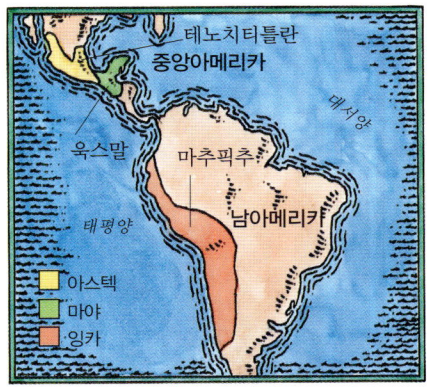

아스텍과 마야, 잉카
정복자들은 멕시코의 아스텍 제국, 페루의 잉카 제국, 중앙아메리카의 마야 왕국 같은 뛰어난 문명이 자리하고 있다는 데 놀랐다. 이 문명들은 하나하나 차례로 정복되었다.

아스텍 종교
에스파냐 인들은 아스텍 인들이 전쟁에서 잡은 포로의 심장을 도려 내 신 앞에 바치는 것을 보고 경악했다. 위 그림은 전쟁의 신인 우이칠로포크틀리에게 제사를 지내는 모습이다.

화형당하는 신들
에스파냐 수도사들은 아메리카에 기독교를 널리 퍼뜨렸다. 그들은 신상들을 부수고 도서관을 뒤져 책을 불태웠다. 때로는 책의 주인까지 함께 불태웠다.

문자와 기록

아스텍과 잉카, 마야는 각기 복잡한 기록 방식을 만들어 냈다. 문자는 백성들을 다스리고 정복한 민족들에게 공물을 걷기 위해 필요했다. 아스텍과 마야는 신성한 달력에 사건을 기록할 때도 문자를 썼다.

잉카의 퀴푸
잉카 인들은 문자가 없었지만 끈의 매듭과 길이, 색깔로 뜻을 전하는 퀴푸를 써서 기록을 남겼다.

마야의 사본
마야 인들은 복잡한 문자와 그림 기호를 써서 다양한 소리를 표현했다. 에스파냐 정복자들에게 짓밟히지 않고 남은 사본(문헌)은 단 네 개뿐이다.

아스텍의 돌 달력
아스텍 인들은 그림으로 날짜와 사건을 표현하는 단순한 기록 방식을 썼다.

파괴를 부른 정복자들

피사로와 잉카 문명

에스파냐의 프란시스코 피사로는 1532년에 고작 180명의 군대를 거느리고 페루로 갔다. 그 무렵 잉카 제국은 내전으로 약해져 있었다. 피사로는 대담하게 잉카 황제인 아타우알파를 사로잡고 몸값으로 많은 금을 요구했다. 몸값을 받은 피사로는 아타우알파를 목 졸라 죽였다.

이 목제 컵에는 모자를 쓴 잉카 귀족이 정복자인 에스파냐 나팔수를 따라 걷는 모습이 그려져 있다.

콜럼버스 후기

에스파냐가 정복하기 전의 아메리카 역사를 가리켜 '콜럼버스 전기'라고 한다. 콜럼버스의 항해는 아메리카를 정복의 대상으로 만들었으며, 아메리카의 거의 모든 것을 바꿔 놓았다. 정복자들은 말, 양, 돼지, 소 등 새로운 가축과 밀처럼 새로운 작물, 철제 도구, 바퀴 달린 운송수단, 에스파냐 어 등을 아메리카에 들여왔다.

사라진 잉카의 도시
돌을 잘 다루던 잉카 인들은 도시와 요새도 돌로 지었다. 마추픽추 성은 해발 2400미터나 되는 높은 곳에 있다. 이 곳은 에스파냐 정복자들에게 발견되지는 않았지만, 정복 이후 버려졌다. 잉카 인의 절반은 피사로가 오기 전 남아메리카를 휩쓴 유럽의 병 천연두로 죽었다.

마추픽추는 1911년에야 발견되었다.

종교 유산
에스파냐 사람들은 원주민들에게 기존의 종교를 버리고 기독교를 믿게 했다. 멕시코시티의 이 대성당은 정복자들이 파괴한 아스텍 신전 터에 지어졌다. 멕시코시티 자체도 테노치티틀란 터에 유럽식 수도로 건설되었다.

무엇이 남았는가?
비록 큰 변화를 겪었지만 원주민들의 생활 양식은 에스파냐가 정복한 뒤에도 계속 이어졌다. 멕시코와 중앙아메리카의 여성들은 지금도 옥수수 토르티야를 만들어 먹는다. 전통 기술도 여전히 남아 지금도 1천 년 전에 그랬듯이 베틀로 천을 짠다.

마야의 정복

마야는 가장 오래 된 대륙 문명이었으나, 에스파냐 정복자들이 들이닥칠 무렵에는 이미 지고 있었다. 하지만 마야 인들은 정복자들에 맞서 가장 강력하게 싸웠다. 수많은 왕국이 차례로 하나씩 정복당한 뒤에야 마야 인들은 무릎을 꿇었다. 마지막 마야 요새는 1697년에 함락되었다.

마야 신전
아스텍 인처럼 마야 인도 돌로 만든 커다란 피라미드 꼭대기에 신전을 지었다. 이 신전은 멕시코 욱스말에 있다. 마야의 여느 도시들처럼 욱스말도 정복자들이 오기 400년 전에 버려졌다.

멕시코 욱스말에 있는 마법사의 피라미드

마법사의 피라미드는 높이가 38미터에 이른다.

유물을 녹여 금덩이로

대륙을 지키던 민족들은 금으로 장신구와 장식물을 만들었다. 정복자들은 이 유물들을 모두 녹여 에스파냐로 보냈다. 아메리카에서 보내 온 금은 덕분에 에스파냐는 강한 나라가 되었으며, 유럽에서 일어나는 여러 전쟁에 돈을 댔다.

나선형으로 장식된 구슬 목걸이

목걸이
이 금목걸이는 테노치티틀란에 있는 아스텍 대신전 안에 묻혀 있었다.

코마개
멕시코 인들이 쓰던 코마개로, 정복자들이 없애지 않은 몇 안 되는 유물이다.

기독교를 상징하는 십자가가 새겨진 에스파냐의 옛 금화

에스파냐의 금화
아스텍과 잉카의 은은 거의 다 이런 금화로 만들어졌다. 에스파냐 왕실을 상징하는 사자와 성을 새겼다.

찾아보기

ㄱ
가로판 21
가슴받이 35
개종 11, 34, 47
고추 24
그라나다 14
기니 10, 11

ㄴ
나비다드 27, 30, 32
나침반 11, 21
남아메리카 36, 38
노예 11, 34, 38
니냐 호 16, 17, 19, 20, 27, 32, 35

ㄷ, ㄹ
다이, 피에르 12
달력 46
담배 26
대서양 10, 13, 23
대포 16, 27
디아스, 바르톨로뮤 15
리스본 10-11

ㅁ
마야 40, 46, 47
마젤란, 페르디난도 44, 45
마추픽추 47
말 34
매독 33
멕시코 46, 47
멘데스, 디에고 42, 43
모기 33
몬테수마 2세(아스텍) 46
몸 장식 25
무기 16, 34, 35
무어 인 14

ㅂ
바르셀로나 28, 29
바하마 군도 24
발보아, 바스코 데 44
방울 25
베스푸치, 아메리고 44
베틀 47
베하임, 마르틴 13
벼룩 41
보바디야, 프란시스코 데 39, 40
북아메리카 44
비단길 8-9
비토리아 호 44, 45

ㅅ
사르가소 해 21
사분의 45
산살바도르 23
산타마리아 호 16, 19, 20, 26-27
산타마리아데벨렘 41
산탕헬, 루이스 데 15
산토도밍고 38, 39
산티아고 호 41, 42
석궁 35
성 크리스토포루스 13
『세계의 모습』12
세례 29
세비 29
수도사 46
스리랑카 7, 8
식인종 32
십자군 9

ㅇ
아스텍 46, 47
아이티 26
아타우알파 황제(잉카) 47
아프리카 6, 9, 10, 11
알렉산데르 6세(교황) 29
앵무새 28
에스파냐 14-16, 28-29
엔리케 왕자 9
엥코미엔다(위탁) 제도 38
오헤다, 알론소 데 33, 35
옥수수 24, 47
『우스 루시아다스』6
요새 27, 30
월식 43
육분의 45
이사벨라 마을 33, 38
이슬람권 지역 9, 14, 35
인도 8
인도 악어 40
인도양 6, 7, 15
일본 8, 14, 18, 24, 26
잉카 46, 47

ㅈ
자메이카 32, 42-43
정복자 46-47
제노바 10
제미 25
조난 10, 26-27
좀조개 41
주앙 2세(포르투갈) 14
중국 7, 8
중앙아메리카 40, 41, 46-47
쥐 41
지구 13, 39, 45
지상 낙원 39
지팡구 → 일본
진주 37
질병 33, 41, 17

ㅊ, ㅋ
천연두 바이러스 33, 47
추장 32, 33, 34
카나리아 제도 18, 20
카라반 9
카리브 해 26-27, 29, 40
카사바 24, 34
카오나보 32, 35
칼 35
캐벗, 존 44
코르테스, 에르난 46
코사, 후안 데 라 16
콜럼버스, 디에고 34, 39
콜럼버스, 바르톨로메 34, 35, 38, 41, 43
콜럼버스, 크리스토퍼:
  1차 항해 18-27
  2차 항해 32
  3차 항해 36-39
  4차 항해 40-43
  앓다 32, 38, 42
  돌아오다 28-29, 35, 39, 43
  죽음 43
  체포되다 39
콜럼버스, 페르디난도 41
쿠바 26, 27, 32, 42
쿠빌라이 칸 8
퀴푸 46
크로노미터 45

ㅌ
타이노 족 24-29, 32-35, 38, 42
타이노 족의 카누 25, 27, 42
탐험 6-17, 44
태평양 44, 45
테노치티틀란 46
토스카넬리, 파올로 12
트리니다드 36, 38

ㅍ, ㅎ
파나마 44
파로스 16-18, 28
파리 41
파인애플 24
페루 46, 47
페르난도 왕과 이사벨 여왕(에스파냐) 14-15, 28-29, 32, 38-40
포곤 16, 22
포라스, 프란시스코 데 42, 43
포로 24, 28, 34
포르톨라노 해도 11
포르투갈 6, 9-11, 14, 15
폭동 22, 42, 43
폴로, 마르코 7-9, 12
프레스터 요한 9
피사로, 프란시스코 47
핀손, 마르틴 17, 18, 22, 23, 26-28
핀손, 빈센테 17, 19
핀타 호 16, 17, 18, 20, 22, 23, 28
필리핀 44, 45

ㅎ
항해 일지 19-21
항해술 11, 21, 45
해먹 26
향료 8, 11, 24
허리케인 40
헨리 7세(잉글랜드) 44
홍학 33
화승총 34, 35
황금 11, 25, 26, 29, 33, 35, 47
황금 해안 11
히스파니올라 28, 29, 42
  발견 26-27
  정복 35
희망봉 15

이 책에 나오는 사진과 그림, 지도의 출처는 다음과 같습니다.
(t-위, b-아래, l-왼쪽, r-오른쪽, c-가운데)

AKG london: 10tl, 26bl, 44bc; Bibliotheque Nationale 8br, 9tr; British Library 11t; Erich Lessing 29br; Sevilla Biblioteca Columbina 12cl; Veintimilla 47cl; Bridgeman Art Library, London/New York: Biblioteca Nacional, Madrid, Spain 46tr; British Library 6-7, 9b; Library of Congress, washington 35cr; British Library, London: 34cl, 45b; British Museum: 8bl, 12tl, 15cr, 47br; INAH 40bl, 46bl; Corbis UK Ltd: 36-37; Bettmann 32cl; The Art Archive: Palazzo Farnese Caprarola/Dagli Orti 44br; Mary Evans Picture Library: 18-19pds, 39tl; De Lorgues 43br; Glasgow University Library: Ms Hunter 46cr; INAH 40bl, 46bl; Katz Pictures: The Mansell Collection 14bl, 15tl, 30-31; Museum of Mankind: 47t; Museum of Order St. John: 35c(above); Peter Newark's Pictures: 44cl; Ernest Board 44tr; National Maritime Museum: 11tc, 12br, 41bc, 45tr, 45cr; N.H.P.A.: Kevin Schafer 39cr; Robin Wigington, Arbour Antiques: 35tl; Scala Group S.p.A.: Biblioteca Nazionale Firenze 46c; science Photo Library: Eye of Science 33tl; Wallace Collection: 35cl(above); Warwick Castle: 35tc.